Gerhard Vollmer
Biophilosophie

Mit einem Geleitwort
von Ernst Mayr

Philipp Reclam jun. Stuttgart

Umschlagabbildung:
Zeichnung aus dem Essay »Die Wissenschaft vom Leben«,
nach G. Larson (1989)

Universal-Bibliothek Nr. 9386
Alle Rechte vorbehalten
© 1995 Philipp Reclam jun. GmbH & Co., Stuttgart
Gesamtherstellung: Reclam, Ditzingen. Printed in Germany 1995
RECLAM und UNIVERSAL-BIBLIOTHEK sind eingetragene
Warenzeichen der Philipp Reclam jun. GmbH & Co., Stuttgart
ISBN 3-15-009386-4

Inhalt

Die Wissenschaft vom Leben
Das Bild der Biologie in der Öffentlichkeit 5

Die Grenzen der Biologie
Eine Übersicht 33

Der Evolutionsbegriff als Mittel zur Synthese
Leistung und Grenzen 59

Der wissenschaftstheoretische Status der
Evolutionstheorie
Einwände und Gegenargumente 92

Evolution und Projektion
Grundzüge der Evolutionären Erkenntnistheorie . 107

Was Evolutionäre Erkenntnistheorie nicht ist
Gemeinsamkeiten und Unterschiede zwischen
Lorenz und Popper 133

Sein und Sollen
Möglichkeiten und Grenzen einer Evolutionären
Ethik 162

Zur Begegnung zweier Kulturen
Geleitwort von Ernst Mayr, Cambridge (USA) . . 193

Nachweis der Erstveröffentlichungen 199

Biographische Notizen 201

Buchveröffentlichungen von Gerhard Vollmer 203

Die Wissenschaft vom Leben
Das Bild der Biologie in der Öffentlichkeit

Die Biologie ist – nach Gegenstand, Methoden, Ergebnissen, Bedeutung – eine Wissenschaft besonderer Art. Wie Ernst Mayr immer wieder (und auch in seinem Geleitwort zu dieser Ausgabe) betont, bedarf sie deshalb eigener philosophischer Überlegungen, eben einer Biophilosophie. Eine weitere Eigenheit betrifft vor allem die deutsche Biologie und ist weniger erfreulich: In der Forschungs- und Berufslandschaft ist die Biologie besonders zersplittert. Während andere naturwissenschaftliche und technische Bereiche sich längst zu großen Dachorganisationen zusammengeschlossen hatten – zur Deutschen Physikalischen Gesellschaft (DPG), zur Gesellschaft Deutscher Chemiker (GDCh) usw. –, gab es eine solche Dachorganisation für Biologinnen und Biologen bis 1991 nicht. Prof. Dr. Paul Präve, selbst Biologe und jahrelang Forschungsleiter bei der Hoechst AG, machte es sich deshalb zur Aufgabe, sein Lebenswerk durch die Gründung einer Union Deutscher Biologischer Gesellschaften zu krönen. Bei der Gründungstagung 1991 sollten nicht nur die jeweiligen Fachgesellschaften einander ihre Fächer vorstellen; es sollte auch deutlich werden, wie die deutsche Öffentlichkeit die Biologie sieht. Unter dieser Vorgabe entstand der folgende Aufsatz. Die Vorträge wurden veröffentlicht; der Buchtitel »Jahrhundertwissenschaft Biologie?!« ist offenbar unserem Beitrag entnommen.
Der Aufsatz betont zunächst die große Bedeutung der modernen Biologie, skizziert dann das eher fragwürdige Bild der Biologie in der Öffentlichkeit, sucht die Gründe für dieses unerfreuliche Mißverhältnis zwischen Leistung und Einschätzung und zeigt schließlich, daß gerade in diesen besonderen Problemen der Biologie auch ihre großen Chancen liegen.

6   *Die Wissenschaft vom Leben*

Am 7. Oktober 1991 hat die Ernährungs- und Landwirtschaftsorganisation der Vereinten Nationen, die *Food and Agriculture Organization* oder *FAO*, über einen Erfolg berichtet, den man als sensationell bezeichnen könnte, wenn wir mit Sensationen nicht sowieso schon überhäuft wären: In Nordafrika ist die Schraubenwurmfliege ausgerottet worden.

Die Schraubenwurmfliege ist ein Schädling, der Haustiere, Wildtiere und Menschen befällt. Das Weibchen legt in Kratzer oder Wunden seiner Opfer bis zu 400 Eier. Aus diesen Eiern schlüpfen fleischfressende Larven, die sich in ihr Opfer bohren bzw. schrauben – daher der Name – und selbst ausgewachsene Rinder in wenigen Tagen zugrunde gehen lassen. Dieser Parasit ist in Mittel- und Südamerika heimisch und vermutlich 1988 mit einem Viehtransport nach Libyen gelangt, wo bald ein Gebiet von der Größe der Niederlande betroffen war. Fachleute befürchteten, daß er sich über Afrika, Asien und Südeuropa ausbreiten könnte. Deshalb wurde er bekämpft, und deshalb ist seine Ausrottung ein großer Erfolg: Hier konnte eine Katastrophe verhindert werden.

Die Schraubenwurmfliege wurde mit Hilfe der *Sterile Insect Technique (SIT)* vernichtet. Diese Methode ist schon vor 30 Jahren entwickelt worden. Sie kommt ohne Chemikalien, insbesondere ohne Insektizide aus. Die Insekten werden vielmehr mit Insekten bekämpft. Es handelt sich also um eine *biologische* Schädlingsbekämpfung. Man züchtet sterile Männchen und setzt sie in den befallenen Gebieten aus. In diesem Falle wurden jede Woche 40 Millionen unfruchtbarer Schraubenwurmfliegen von Flugzeugen aus abgeworfen, und das über ein halbes Jahr. Die Weibchen, die sich mit solchen Männchen paaren, legen zwar noch Eier; aber aus ihren Eiern schlüpfen keine Larven mehr. Waren der Fliege in Libyen 1990 noch mehr als 12 000 Stück Vieh zum Opfer gefallen, so wurde seit April 1991 keine Neuinfektion mehr festgestellt.

Das ist ein Erfolg, zu dem man den beteiligten Wissenschaftlern nur gratulieren kann. Diese Wissenschaftler sind Biologinnen und Biologen, und in gewissem Sinne dürfen *alle* Biologinnen und Biologen auf diese Leistung stolz sein.

Es wäre nun ein leichtes, weitere solche Erfolge aufzuzählen; darauf wird hier verzichtet. Die Biologie ist eine erfolgreiche Wissenschaft, eine der erfolgreichsten überhaupt, und ohne sie würden wir nicht nur weniger wissen, sondern auch weniger können und deshalb auch weniger gut leben. Wie *nennen* wir eine so erfolgreiche Wissenschaft?

»Jahrhundertwissenschaft« Physik

1977 veröffentlicht der Wissenschaftshistoriker Armin Hermann ein Buch mit dem Titel *Die Jahrhundertwissenschaft.* Ist damit etwa die Biologie gemeint? Der Untertitel[1] widerlegt diese Vermutung: Gemeint ist die Physik. Sieht man jedoch genauer hin, so wird man sagen dürfen, daß die Physik nur für die *erste* Hälfte unseres Jahrhunderts die führende Wissenschaft war.

Tatsächlich: Zu Beginn des Jahrhunderts entdeckt Max Planck das Wirkungsquantum, und er wird damit – ganz gegen seinen Willen – zum Revolutionär. In den Jahren und Jahrzehnten danach erlebt die Physik mit Relativitäts- und Quantentheorie die größten Umwälzungen ihrer gesamten Geschichte. *Umsturz im Weltbild der Physik* heißt denn auch ein seinerzeit viel gelesenes Buch[2], das 1961 erschien. Aber da hatte die Physik ihre größte Zeit bereits hinter sich.

Die erste Hälfte unseres Jahrhunderts endet nämlich, wenn wir es nicht gar zu genau nehmen, mit dem 2. Weltkrieg und damit nicht nur mit dem Kernreaktor, sondern auch mit der Atombombe. In einem Zeitraum von 50 Jahren hat die Physik ihre größten, aber auch ihre fragwürdigsten Er-

8   *Die Wissenschaft vom Leben*

folge errungen. Bezeichnenderweise ist es derselbe Mann, nämlich Albert Einstein, der Relativitäts- und Quantentheorie mitbegründet, der aber auch durch seinen Brief an Präsident Roosevelt den Bau der amerikanischen Atombombe anregt. Die Physiker haben damit, wie es so treffend heißt, ihre Unschuld verloren.

»Jahrhundertwissenschaft« Biologie

Welches ist dann aber die führende Wissenschaft in der zweiten Hälfte unseres Jahrhunderts? Kein Zweifel, es ist die Biologie. Am Anfang stehen wieder epochemachende Entdeckungen: 1953 finden Watson und Crick die Doppelhelix; und danach dauert es nur vierzehn Jahre, bis der genetische Code entziffert ist. Die Biologie hat damit die *Grundlage* gefunden, auf der sie systematisch aufgebaut werden kann.

Die Anwendungen lassen nicht auf sich warten. Daß Biologie angewandt wird, belegen Ausdrücke wie »Biotechnik«, »Gentechnik«, »Bionik« zur Genüge. Auch die Medizin erhofft sich Großes vom Erkenntnisfortschritt in der Biologie. Das *Human Genome Project* ist eines der ehrgeizigsten Projekte, die Wissenschaftler jemals ins Auge gefaßt haben. So ist es wohl nicht übertrieben, wenn Ernst Florey 1972 den »Ausbruch des Biologischen Zeitalters« feststellt[3].

Aber auch die Probleme bleiben nicht aus. Plötzlich können wir so viel mehr als früher, daß es wieder schwierig ist zu entscheiden, was wir denn nun mit diesem Können anfangen wollen, sollen, dürfen. Wieder fühlen wir uns in der Rolle des Zauberlehrlings, dessen Werkzeug sich in bedenklicher Weise verselbständigt.

Die Wissenschaft vom Leben 9

Was ist eine »Jahrhundertwissenschaft«?

Was ist es dann aber, was eine Wissenschaft zur Jahrhundertwissenschaft macht? Jost Herbig, bekannter, wenn auch nicht allseits beliebter Sachbuchautor, beginnt sein Buch *Die Gen-Ingenieure*[4] mit den Worten:

»Die Biologie hat die kritische Phase einer Wissenschaft erreicht: Sie konstruiert Natur. Das Zeitalter der synthetischen Biologie hat begonnen.«

Ist es das, was eine Jahrhundertwissenschaft auszeichnet: daß sie synthetisch arbeitet, daß sie Neues schafft, daß sie Schöpfung betreibt? Auch andere Bücher über Gentechnik[5] betonen den synthetischen Charakter der neuen Biologie:

– *Man Made Life*
– *Die neue Genesis*
– *Menschen nach Maß?*
– *Die andere Schöpfung?*
– *Herstellung der Natur?*
– *Genesis zwei. Biotechnik – Schöpfung nach Maß*
– *Schöpfer Mensch?*

Aber vielleicht sind Sachbuchautoren nicht die richtigen Gewährsleute, um die moderne Biologie angemessen zu charakterisieren? Dann hören wir noch jemanden, der es wissen muß: Gerd Hobom, selbst Molekularbiologe, schreibt in einem Aufsatz über Gentechnologie[6]:

»War die gesamte Biologie und auch die Molekularbiologie bis zu diesem Punkt [nämlich bis zur Gentechnik 1973] eine beschreibende Wissenschaft gewesen, [...] so wird daraus mit dem Gentechnologie-Gedanken etwas Neues: eine synthetische Biologie.«

Und er vergleicht diesen Schritt mit dem Schritt der organischen Chemie, die vor 150 Jahren zu einer synthetischen Wissenschaft wurde, wobei sie zunächst Natur nachsynthe-

10   *Die Wissenschaft vom Leben*

tisierte, etwa das Indigo, um dann auch ganz neue, in der
Natur nicht vorkommende Stoffe herzustellen.

So ist es sicher nicht mehr nötig, Hubert Markl zu zitieren,
der die moderne Biologie ebenfalls mit der synthetischen
Chemie vergleicht[7].

Diese Einsichten erlauben es uns dann auch, unsere Frage
zu beantworten und versuchsweise zu definieren: eine *Jahrhundertwissenschaft* ist eine wissenschaftliche Disziplin, die
über einen längeren Zeitraum – wenigstens einige Jahrzehnte – wissenschaftliche und öffentliche Aufmerksamkeit
auf sich zieht dadurch, daß sie

– erfolgreich zu ihren eigenen Grundlagen vorstößt,
– mit diesen und auf ihnen aufbauend neue, »revolutio-
  näre« Erkenntnisse gewinnt,
– diese in praktische Anwendungen umsetzt,
– dabei ganz neue Systeme – Teilchen, Stoffe, Zustände,
  Prozesse – herstellt, »synthetisiert«,
– also Natur konstruiert und umkonstruiert, aber
– eben dadurch auch an die Grenze des Erlaubten stößt,
– diese Grenze vielleicht sogar überschreitet.

Jahrhundertwissenschaft Neurobiologie

Mit dieser Explikation können wir uns nun auch an die
Frage wagen, welches wohl die nächste Jahrhundertwissenschaft sein wird: Es dürfte die Neurobiologie sein. Tatsächlich sieht es so aus, als ob in den Neurowissenschaften ein
Durchbruch zu den Grundlagen bevorstünde. Es ist klar,
daß er noch nicht gelungen ist, und die Zeit bis zur Jahrtau-
sendwende ist eher knapp; aber unsere Explikation verlangt
ja nicht, daß eine Jahrhundertwissenschaft gerade zur Jahr-
hundertwende beginnt.

Im übrigen erfüllt eine erfolgreiche Hirnforschung alle Bedingungen, die wir an eine Jahrhundertwissenschaft stellen:

Die Wissenschaft vom Leben 11

Sie würde nicht nur neue Einsichten bringen, sondern auch viele praktische Anwendungen zulassen. Sie würde neuronale Systeme nicht nur durchschauen, sondern auch verändern, vielleicht heilen. Denkbar wären dann auch wieder Systeme, die es in der Natur bisher nicht gab. Nach Kern-, Informations- und Gentechnik steht uns dann also eine Neurotechnik ins Haus. Daß solche Möglichkeiten die Frage, ob wir dürfen, was wir können, noch drängender machen werden, versteht sich von selbst.

Eine erfolgreiche Neurobiologie würde das gesamte Wissenschaftsgefüge verändern. Die Grenze zwischen Natur- und Geisteswissenschaften würde – falls es sie je gab – ein weiteres Mal durchbrochen. Typisch menschliche Leistungen – Sprechen, Erkennen, Denken, Bewerten, Urteilen – würden zu Gegenständen der Neurobiologie, also allgemein der Biologie. Das Humanum, bisher den Geisteswissenschaften, den »humanities«, vorbehalten, rückt damit in den Blick, vielleicht sogar in den Griff der Naturwissenschaften.

Auch philosophische Probleme wie das der Willensfreiheit oder das Leib-Seele-Problem, bisher ungelöst und augenscheinlich unlösbar, könnten der empirischen Forschung zugänglich, könnten womöglich gelöst werden. Die Folgen für unser Welt- und Menschenbild sind zwar nicht im Detail, wohl aber im Prinzip abzusehen: Die Neurowissenschaften werden uns eine weitere Kränkung zufügen. Ist vielleicht auch das typisch für Jahrhundertwissenschaften?

Biologie in der Öffentlichkeit

Vergleicht man die Bedeutung der Biologie für unser Wissen, für unser Können und für unser Dürfen mit dem Eindruck, den die Öffentlichkeit von ihr hat bzw. sich von ihr macht, so stößt man auf einen merkwürdigen Widerspruch:

Die Wissenschaft vom Leben

Dieses Bild wird dem Charakter, der Leistung und der Aufgabe der Biologie überhaupt nicht gerecht. Wir wollen das an einigen Beispielen belegen.

– Für das Fach Biologie gibt es *keinen Nobelpreis*. Zwar gibt es einen solchen Preis für Medizin *und Physiologie*; aber erstens steht hier die Medizin an erster Stelle und ist darum auch im privaten wie im öffentlichen Bewußtsein allein präsent; zweitens muß sich die Physiologie den Preis mit der Medizin teilen; und drittens ist die Physiologie natürlich nur ein einziges, wenn auch wichtiges *Teil*gebiet der Biologie. So kommt es, daß verdienten Forschern auf biologischen Gebieten der Medizin-Physiologie-Preis mühsam zugeschrieben werden muß. Beispiele sind die Verhaltensforscher Lorenz, von Frisch und Tinbergen (1973), aber auch die beiden Membranforscher Neher und Sakmann (1991). Bei den ersteren sind die Beziehungen zur Medizin künstlich; bei den letzteren stehen sie allenfalls in Aussicht. Natürlich haben alle diese Forscher einen Nobelpreis verdient; aber ihre Leistungen liegen eben eindeutig auf *biologischen* Gebieten.

Für den Laien legt das Fehlen eines Nobelpreises die Vermutung nahe, daß es sich bei der Biologie gar nicht um eine Wissenschaft handle. Zwar gibt es auch keinen Nobelpreis für Mathematik. Aber niemand bezweifelt, daß die Mathematik eine Wissenschaft ist. Außerdem hat man dort die Fields-Medaille eingeführt, die höchste Auszeichnung, die für mathematische Leistungen vergeben wird und die dem Nobelpreis durchaus vergleichbar ist. (Sie wird allerdings nur alle vier Jahre vergeben.)

– Die Medien vermitteln aus der Biologie viele Einzelheiten (und das ist auch gut so), aber kein einheitliches Bild (das ist bedauerlich, hat aber gute Gründe, auf die wir noch zu sprechen kommen). Die angelsächsisch-lakonische Feststellung, wir seien »overnewsed, but underinformed«, ist jedenfalls auf biologischem Gebiet besonders treffend.

Die Wissenschaft vom Leben 13

– Ausgesprochen verzerrt ist das Bild der Biologie in der Werbung. Wie die Bezeichnungen »Biokost«, »Bioghurt«, »biologisches Bauen« belegen, wird das Biologische gleichgesetzt mit dem Natürlichen und Gesunden, obwohl auch Krankheit natürlich und genauso etwas Biologisches ist wie Gesundheit.

– Der Psychologe Jean Piaget klagt einmal, es sei eine leidige Sache für die Psychologie, daß jedermann sich selbst für einen Psychologen halte[8]. In etwas schwächerem Maße gilt das auch für die Biologie. *Jeder glaubt hier mitreden zu können*, weil er oder sie sich mit der Natur ja so verbunden fühlt.

Natürlich ist der Wunsch nach Mitsprache völlig legitim; aber er allein garantiert eben noch keine Sachkompetenz. Selbsternannte Experten unter Politikern, Theologen und Philosophen verstärken dann nur noch den Eindruck, daß auf dem Gebiet des Naturschutzes, der Gentechnik oder der perinatalen Medizin einfach jeder kompetent sei.

– An der Schule gilt unter den Naturwissenschaften Biologie als das einfachste Fach. Ist also eine Naturwissenschaft obligatorisch, so wählen die Dünnbrettbohrer Biologie. (Der Umkehrschluß ist jedoch nicht zulässig: Natürlich wollen keineswegs alle, die Biologie wählen, es sich nur leicht machen.) Mit solchen Schülern kann dann auch die beste Biologielehrerin keinen anspruchsvollen Unterricht gestalten: Das Niveau sinkt, und das Vorurteil, Biologie sei ein leichtes Fach, wird sogar noch bestätigt.

– Für viele, auch für zahlreiche Studienanfänger, ist Biologie ein romantisches Fach. Es geht dabei um Blumen, um Streicheltiere, um glückliche Kühe, um Naturverbundenheit, um eine heile Welt. Diese Motivation ist ehrenwert, wird aber der Biologie als Wissenschaft nicht gerecht. Sie wird auch im Studium sehr bald enttäuscht. Aber nicht jeder hat Gelegenheit, solche Vorstellungen zu korrigieren. So bleibt die Bambi-Biologie in vielen Köpfen erhalten, zum Schaden für die eigentliche Biologie.

14   *Die Wissenschaft vom Leben*

– Manche sehen Biologie als ein Betätigungsfeld für Jäger und Sammler. Besonders enttäuschend muß es dann sein, wenn jene vermeintlichen Lebensforscher doch nicht jede Pflanze und jedes Tier kennen. Statt das eigene Bild vom Biologen zu korrigieren, zweifeln Naive dann auch noch dessen Kompetenz an: »Biologe will der sein? Der kennt ja nicht einmal die Tiere!«
– Wo es um Anwendungen geht, gelten solche leicht als bedenklich. Biotechnik, so heißt es, sei gefährlich, Gentechniker seien skrupellos. Ein besonders drastisches Beispiel ist das AIDS-Märchen: 1984 wurde von wissenschaftskritischer Seite behauptet, das AIDS-Virus sei gar nicht natürlicher Herkunft, sondern ein unfreiwilliges Nebenprodukt amerikanischer Genforschung, in einem militärischen Forschungslabor entstanden, an Gefängnisinsassen ausprobiert und versehentlich freigesetzt. Diese Behauptung ist falsch, wie man schon damals leicht zeigen konnte. Es gibt überzeugende genetische und medizinische Gegenargumente. Unser Problem ist aber nicht, wie man das AIDS-Märchen widerlegt, sondern warum es geglaubt wird. Ernst Peter Fischer[9] nennt dafür drei Gründe:
– Eine solche These ist leicht aufzustellen, aber schwer bis überhaupt nicht zu widerlegen.
– Wir sind gewohnt, für alles, was uns umgibt, einen Macher zu postulieren: von der Uhr über den Hut bis zu Maschinen (und bis zum Menschen als Geschöpf Gottes). Warum sollte nicht auch das AIDS-Virus gemacht, geschaffen, konstruiert sein?
– Manche meinen, das AIDS-Virus sei die Strafe Gottes für unsere Sünden: für Evas Apfelraub, für unsere faustische Neugier, für unser lockeres Sexualverhalten.
Das Bild der Biologie in der Öffentlichkeit ist also sehr uneinheitlich und für Biologinnen und Biologen keineswegs befriedigend. Die Gründe dafür sind unterschiedlicher Art. Einige liegen in den besonderen Merkmalen, in denen die Biologie sich von anderen Wissenschaften, auch von ande-

Die Wissenschaft vom Leben 15

ren Naturwissenschaften, *unterscheidet*. Und diese besonderen Merkmale beruhen wiederum auf den Besonderheiten lebendiger Systeme. Die beiden wichtigsten sind *Komplexität* und *Individualität*. Sie werden im folgenden behandelt; auf andere Besonderheiten, etwa auf die wichtige
Rolle des Zufalls, gehen wir hier nicht ein.

Komplexität

Organismen sind komplexe Systeme, und eine Theorie über
komplexe Systeme kann, wenn sie angemessen sein soll,
selbst nicht einfach sein. Lebewesen sind sogar die kompli-
ziertesten Systeme, die wir überhaupt kennen. Um das ein-
zusehen, brauchen wir nur an das menschliche Gehirn zu
denken. Und selbst Lebewesen sind nur Teile noch größerer
und noch komplizierterer Systeme, von Populationen,
Ökosystemen, ja der gesamten Biosphäre.
Diese Komplexität beruht nicht einfach auf der großen *Zahl
der Bausteine*, der Atome, Moleküle, Zellen. Sie beruht vielmehr auf der starken und vielgestaltigen *Wechselwirkung*
zwischen diesen Bausteinen, auf ihrer strukturellen und
funktionellen *Integration* in immer größere Gesamtsysteme
und auf deren *hierarchischer Durchstrukturierung*.
Die Zahl der Bausteine ist auch bei unbelebten Systemen
oft recht hoch, viel höher sogar als bei belebten. In dieser
rein quantitativen Hinsicht können es etwa mit der Sonne
nur andere Himmelskörper, nur Sterne und Galaxien aufnehmen. Den Komplexitätsunterschied kann man sich
trotzdem ganz leicht klarmachen: Stellen wir uns vor, wir
könnten der Sonne an einer beliebigen Stelle einen merkli-
chen Anteil ihrer Masse entnehmen und an anderer Stelle
wieder einfügen. Offenbar würde sich dadurch nichts Wesentliches ändern. Machen wir jedoch dasselbe bei einem
Lebewesen, so sind die Folgen gewaltig! Wir können das
auch so ausdrücken: Sterne genügen einer wesentlich ein-

16 *Die Wissenschaft vom Leben*

facheren Zustandsgleichung als alle Lebewesen und Ökosysteme.

Auch wenn man Komplexität mit den Mitteln der Komplexitätstheorie oder der algorithmischen Informationstheorie charakterisiert, erweisen sich Organismen und Ökosysteme als besonders komplex. Bemißt man nämlich Komplexität am Informationsgehalt und diesen – nach einer glücklichen Formulierung von Carsten Bresch – an der Frage: Wie lange muß man reden, um das System zu beschreiben?, dann wird sofort deutlich, daß man über einen Hund viel länger reden kann und muß als über einen Stern. Vernetzung, Informationsübertragung, Steuerung, Regelkreise, Integrationsebenen, funktionelle Spezialisierung, Hierarchien und vieles andere machen Lebewesen und Ökosysteme komplex, schwer durchschaubar, schwer voraussagbar, schwer lenkbar. Einfache Systeme kennt die Biologie überhaupt nicht.

Noch etwas kommt hinzu. Belebte Systeme sind immer auch physikalische und chemische Systeme; doch sind nicht alle physikalischen und chemischen Systeme belebt. So kommen zwar Physiker und Chemiker ohne Biologie, Biologinnen jedoch nicht ohne Physik und Chemie aus. Wer in der Biologie nicht nur beschreiben, sondern auch *erklären* will, muß in Physik und Chemie, insbesondere Biophysik und Biochemie beschlagen sein. So meint auch Hubert Markl, der Biologe müsse seine Wurzeln sehr weit in Chemie und Physik senken, wenn alle »Blütenträume« reifen sollten[10].

Das macht die Biologie vielseitig, aber auch schwierig.

Individualität

Kann man Komplexitäten messen oder wenigstens vergleichen, dann kann man Systeme auch nach ihrer Komplexität ordnen. Es kann dann mehrere Systeme gleicher Komplexi-

Die Wissenschaft vom Leben 17

tät geben. Dabei wird die Zahl möglicher Systeme mit zunehmender Komplexität immer schneller wachsen: Je komplexer ein System ist, desto mehr Varianten mit gleicher Komplexität wird es geben.

Die hohe Komplexität organismischer Systeme hat also noch eine andere Konsequenz: Die spezielle Ausprägung, die *Individualität* eines Systems spielt eine immer größere Rolle. Nicht nur alle Arten, auch alle Lebewesen sind voneinander verschieden. Das erfordert schon bei der *Beschreibung* einen höheren Aufwand.

Individuelle Unterschiede sind aber auch für die Biologie als *erklärende* Wissenschaft keineswegs gleichgültig. Verschiedene Individuen können sich trotz gleicher äußerer Bedingungen unterschiedlich verhalten und tun das häufig auch. Erst recht können dann winzige äußere Unterschiede zu großen Verhaltensunterschieden führen. Deshalb gibt es in der Biologie viele Regeln, aber nur wenige strenge Gesetzmäßigkeiten. Auch das macht die Biologie abwechslungsreich und schwierig zugleich.

Wie bei der Komplexität kann man auch bei der Individualität nach einem Maß suchen. Dazu soll hier nur eine Anregung gegeben werden.

In einem Buch über die Entwicklung der Astronomie versucht Martin Harwit[11] herauszufinden, wie viele Klassen astronomischer Objekte wir *kennen*. Die Planeten bilden dabei eine Klasse, die Monde eine andere, die Asteroiden eine, Ringe (wie beim Saturn), Hauptreihensterne (wie die Sonne), Weiße Zwerge, Neutronensterne, Sternhaufen, Kugelhaufen, Galaxien noch weitere Klassen. Insgesamt kommt Harwit auf 43 derartige Klassen. Er fragt dann weiter, wie viele wohl *noch zu entdecken* sein mögen. Das ist kühn, aber legitim und, wie sich herausstellt, sogar beantwortbar. Mit einer Methode, die hier nicht vorgestellt werden kann, kommt Harwit auf insgesamt 130 derartige Klassen; davon hätten wir also bisher rund ein Drittel entdeckt.

18   *Die Wissenschaft vom Leben*

Es erhebt sich nun die Frage, wie viele Objektklassen die Physik insgesamt kennt. Diese Zahl liegt wohl mindestens bei 200, eher bei 500, höchstens aber bei 1000. Eine Physikerin, die einen guten Überblick über die Physik haben will, muß also rund 500 repräsentative Beispiele kennen und wissen, wie man diese behandelt. Die exemplarische Kenntnis von 500 Objektklassen reicht somit aus, um die *Physik* zu überblicken.

Fragt man nun den Biologen, wie viele Klassen grundsätzlich verschiedener Objekte den Gegenstandsbereich der *Biologie* ausmachen, dann kommt man bei Beschränkung auf die jetzt lebenden Arten auf zwei bis drei Millionen. Nimmt man die ausgestorbenen Arten hinzu, so kommt man nach einer Schätzung von Ernst Mayr leicht auf das Hundertfache. Dieses Verfahren mag etwas willkürlich und die Zahl darum wenig zuverlässig sein. Entscheidend sind hier allein die Unterschiede in den Größenordnungen. Sie zeigen, daß es in der Biologie deutlich mehr einschlägige Objektklassen gibt als in der Physik, so viele, daß niemand alle diese Klassen praktisch kennen oder gar theoretisch beherrschen kann.

Zersplitterung der Biologie

Daß die Biologie es mit so vielen komplexen (oder komplizierten) Systemen zu tun hat, hat Konsequenzen – für die Organisation, für die Forschung, für die Lehre.

Zunächst einmal »zerfällt« die Biologie in besonders *viele Teildisziplinen*[12]. Versucht man, diese Bereiche systematisch zu ordnen, so stößt man auf eine eigentümliche Schwierigkeit: Eine homogene, eindimensionale Ordnung ist unmöglich. Vielmehr muß man mindestens zwei, am besten sogar drei Dimensionen unterscheiden, eine horizontale Einteilung nach Objektklassen, eine vertikale nach Komplexitätsstufen und eine metabiologische Tiefendimension.

Die *horizontale* Einteilung ist die traditionelle; hier erfaßt jede Disziplin eine bestimmte Gruppe von Lebewesen: Menschen (biologische Anthropologie), Tiere (Zoologie), Pflanzen (Botanik), Bakterien und Viren (Mikrobiologie). Hier sind alle Lebewesen (einschließlich des Grenzfalls der Viren) erfaßt, und die Objektklassen sind überschneidungsfrei (disjunkt).

Die *vertikale* Einteilung betrifft dagegen Komplexitätsstufen und umfaßt – ungefähr von »unten« nach »oben« – Biophysik, Biochemie, molekulare Genetik, klassische Genetik, Ultrastrukturforschung, Membranbiologie, Zellbiologie, Physiologie, Immunbiologie, Neurobiologie, Histologie, Endokrinologie, Anatomie, Entwicklungsbiologie, Verhaltensforschung, Populationsbiologie, Ökologie, Systematik, Evolutionsbiologie. Die meisten dieser Disziplinen sind für alle Lebewesen zuständig; Ausnahmen kommen nur dadurch zustande, daß besonders einfache Organismen – etwa Bakterien – auch nur untere Komplexitätsstufen erreichen bzw. darstellen und gar keine Gewebe, Drüsen, Skelette, Nerven ausbilden.

Eine mögliche dritte Dimension würde dann *metabiologische* Disziplinen enthalten: methodische Fragen, Geschichte der Biologie, Didaktik der Biologie, wissenschaftstheoretische, naturphilosophische und ethische Probleme der Biologie. Die Biologie ist jedoch auf diese Fächer nicht unabdingbar angewiesen: gerade deshalb handelt es sich um eine *unabhängige* (Tiefen-)Dimension.

An den Universitäten vollzieht sich in den letzten (und in den kommenden) Jahrzehnten eine Umorientierung von der horizontalen zur vertikalen Gliederung. Dies führt zu Problemen, weil jede Disziplin sich für unentbehrlich, vielleicht sogar für überlegen hält.

Eine ähnliche, wenn auch nicht die gleiche Umstellung hat jedoch auch die Physik erlebt. War sie bis ins 19. Jahrhundert im wesentlichen nach den menschlichen Sinnen aufgeteilt – Mechanik (Tastsinn), Akustik (Ohr), Optik (Auge),

20   Die Wissenschaft vom Leben

Wärmelehre (Temperatursinn) –, so kamen mit Elektrizität und Magnetismus zunächst weitere, nicht wahrnehmbare Erscheinungen hinzu, bis sich mit Elementarteilchen-, Atom-, Molekül- und Festkörperphysik eine Einteilung nach Komplexitätsstufen ergab und durchsetzte. Im Unterschied zur Biologie handelte es sich dabei allerdings um einen Übergang von einer anthropozentrischen zu einer neutraleren Einteilung, der keine besonderen emotionalen Widerstände entgegenstanden.

Die Zersplitterung der Biologie spiegelt sich wiederum in mehrfacher Weise. Ihre Disziplinen werden durch zahlreiche Fachgesellschaften, Verbände und Vereinigungen repräsentiert. Allein in der »Ständigen Konferenz der Vorsitzenden der Fachgesellschaften der Biologie« waren 1991 mindestens 25 Gesellschaften vertreten. Eine übergreifende »Gesellschaft Deutscher Biologinnen und Biologen« analog zur Deutschen Physikalischen Gesellschaft (DPG) oder zur Gesellschaft Deutscher Chemiker (GDCh) gab es jedoch bis 1991 nicht. Der Verband Deutscher Biologen (VDBiol) kümmert sich – verdienstvollerweise – mehr um den Biologieunterricht an Schulen, um Lehrerfortbildung und um biologiebezogene Berufsbilder. Die deutsche Biologie hat deshalb kein einheitliches Selbstverständnis, spricht nicht mit einer Stimme und kann auch nicht als Ganzes befragt werden.

Benötigt eine politische Instanz, etwa ein Gemeinderat, ein Ministerium, ein Bundestagsausschuß ein Fachgutachten zu biologisch relevanten Problemen – an wen werden sie sich wenden? Sie fragen eine Einzelperson, ein Institut, eine Gruppe von Naturschützern oder »Die Grünen«. Eine einschlägige Adresse, die auch kompetent entscheiden könnte, wen man überhaupt *fragen* sollte, gibt es ja nicht. Die neugegründete »Union Deutscher Biologischer Gesellschaften« könnte und sollte hier Abhilfe schaffen. Die Vielfalt biologischer Disziplinen spiegelt sich aber auch in der Vielzahl möglicher Studiengänge. Der Erkenntniszuwachs in diesem

Fach hat immer noch weitere Studienelemente, Studiengänge und Abschlüsse möglich und nötig gemacht. Meistens werden die Studienpläne jedoch nur ergänzt und nicht reorganisiert. Neues wird additiv dazugepackt, weil es ja – vermeintlich oder tatsächlich – unentbehrlich ist. Das macht das Studium unübersichtlich und verlängert die Studiendauer. Abschlüsse – Staatsexamen, Diplom und Promotion – werden hinausgeschoben und liegen zu spät.

Es hat keinen Sinn, einfach eine »Entrümpelung« des Studiums zu fordern, denn »Gerümpel« gibt es im Fach Biologie überhaupt nicht. Eine Straffung ließe sich aber dadurch erreichen, daß man für alle biowissenschaftlichen Fächer bis zum Vordiplom einen einheitlichen Studienplan vorgibt und dann eine frühe Spezialisierung erlaubt. In der ersten Studienhälfte müßten also mehr die *Gemeinsamkeiten* der Biologie, in späteren Ausbildungsphasen dürfte mehr ihre *Vielfalt* zur Geltung kommen.

Betroffenheit

Eine weitere Schwierigkeit ist die Tatsache, daß viele sich durch die Ergebnisse der Biologie berührt fühlen. Zwar sind wir keine Tiere, keine Pflanzen und keine Bakterien, aber es gibt doch vieles, was wir mit allen Lebewesen gemeinsam haben. Biologie als Lebensforschung betrifft also auch unser »Leben«. Tatsächlich haben die Einsichten der Biologie unser Menschenbild gewaltig verändert. Nicht umsonst zählt Sigmund Freud die Darwinsche Lehre neben die des Kopernikus und seiner eigenen zu den drei großen *Kränkungen* des Menschen. Inzwischen wurden weitere Kränkungen diagnostiziert: durch Verhaltensforschung, Evolutionäre Erkenntnistheorie, Soziobiologie, Künstliche Intelligenz, Ökologie[13]. Viele davon, eigentlich die meisten, sind uns durch die Biologie zugefügt worden. Dabei folgen die Kränkungen immer schneller aufeinander; kaum ist die

22   *Die Wissenschaft vom Leben*

eine mühsam verarbeitet, trifft uns schon die nächste. Wir
können sogar vermuten, welche die nächste Kränkung sein
wird: die neurobiologische.
Die Physik ist nicht in dieser Lage. Zwar kann man die
Kosmologie zur Physik rechnen und insofern die kosmo-
logische Kränkung durch Kopernikus auch der Physik
zuschreiben; danach aber, also nach der Durchsetzung des
heliozentrischen Weltbildes im 17. Jahrhundert, hatte die
Physik kaum noch Auswirkungen auf unser Menschenbild
(auf unser Weltbild allerdings schon).
Die Biologie dagegen hat seit Darwin nicht aufgehört, uns
Kränkungen zuzufügen. Und nun fängt sie sogar an, ihr
Wissen in Taten umzusetzen! Die Biologinnen machen etwas mit uns: mit unseren Feldern und Wäldern, mit unserem Essen, unserem Körper, unserem Gehirn! Da ist vielen
unwohl. Ob dieses Unwohlsein berechtigt ist oder nicht,
soll hier nicht diskutiert werden. Es gehört jedenfalls zu
dem Bild, das die Öffentlichkeit von der Biologie hat.

Chancen für die Biologie

Wir haben einige der Schwierigkeiten geschildert, denen die
Biologie gegenübersteht. Wir wollen nun noch prüfen, ob
diese Schwierigkeiten unüberwindlich sind. Patentrezepte
gibt es natürlich nicht. Aber es ist doch eine Überlegung
wert, inwieweit die erwähnten Probleme in Vorteile umge-
münzt werden können, ob sich also aus der Not nicht wenigstens hier und da eine Tugend machen läßt.

Biologie als Wissenschaft von Komplexen

Die Biologie befaßt sich mit komplizierten Systemen. Kompliziert sind nicht nur Ökosysteme und Gehirne, sondern
bereits einfachste Organismen, einfache Bio-Bausteine (beispielsweise Membranen), sogar schon Biomoleküle. Daß

Organismen komplexe Systeme und deshalb nicht leicht zu verstehen sind, haben wir als besondere Schwierigkeit der Biologie erkannt. Aber kann man das nicht auch als Vorteil sehen? Kompliziertes durchschauen zu müssen, ist eine schwierige Aufgabe; Kompliziertes durchschaut zu haben, ist – eben deshalb – eine großartige Leistung.

Die Komplexität ihrer Objekte sollte Biologen also nicht verzweifeln lassen, sondern stolz machen: Biologie ist wie keine andere Wissenschaft *erfolgreich* im Umgang mit Kompliziertem und eben deshalb *zuständig, kompetent* für Kompliziertes! So schreibt Hannes Alfvén:

> »[Etwas verallgemeinernd] können wir vielleicht die Feststellung treffen, daß sich das heutige Studium der Naturwissenschaften an drei Hauptfronten abspielt. Wir können etwa Untersuchungen des *sehr Großen*, des *sehr Kleinen* und des *sehr Komplizierten* unterscheiden. An diesen drei Hauptfronten bekämpft der Mensch seine quälende Unwissenheit. Die Untersuchung des sehr Großen heißt Astronomie [...]. Das sehr Kleine umfaßt die Welt der Atome [...]. Der Bereich des sehr Komplizierten gehört jedoch ohne Zweifel der Biologie.«[14]

Die Biologie hat also die Chance, sich als Wissenschaft vom Komplexen auszuzeichnen, zu »profilieren«. Wo gibt es so schöne Regelkreise wie in der Biologie? Wo sonst gibt es so viele und so raffinierte Schwellen, Schalter, Puffer, Hemmungen, Verstärker, Rückkopplungen, Reparaturmechanismen, Informationskanäle, Doppel- und Mehrfachfunktionen, Funktionswechsel, Systemeigenschaften, Optimierungen, Strategien, Hierarchien? Die faszinierenden Besonderheiten nehmen überhaupt kein Ende; nur einige von ihnen können wir noch behandeln.

24   *Die Wissenschaft vom Leben*

Biologie als Wissenschaft von Systemen mit
dynamischer Stabilität

Unter einem stabilen System stellt man sich meist etwas
Statisches vor. Es gibt aber auch Systeme, die nur dadurch
stabil sind, daß in ihnen etwas geschieht. Das Planetensystem bleibt erhalten, weil die Planeten um die Sonne krei-
sen; blieben sie stehen, so fielen sie in die Sonne. Ähnliches
gilt für unsere gesamte Milchstraße. Die Sonne bricht nur
deshalb nicht unter ihrer eigenen Schwerkraft zusammen,
weil die in ihrem Inneren durch Kernfusion freiwerdende
Energie laufend nach außen drängt. Auch der Kosmos als
Ganzes kann sich nur ausdehnen oder sich zusammenzie-
hen; stillstehen kann er nicht.
In der Biologie gilt dies für alle Systeme: Lebewesen stehen
im Fließgleichgewicht; laufend werden mit der Umgebung
und innerhalb des Systems Materie, Energie und Information ausgetauscht. Kommen diese Prozesse zum Stillstand,
so geht der Organismus zugrunde. Auch Ökosysteme besitzen dynamische Stabilität. Das Räuber-Beute-Verhältnis
ist dafür nur ein Beispiel. Ein anderes Beispiel ist der Ur-
wald. Nach der *Mosaik-Zyklus-Theorie* macht jeder Wald
verschiedene Stadien durch: eine jugendliche Wachstums-
phase, eine Optimalphase, eine Altersphase und einige Zwi-
schenphasen. Jedes Waldstück unterliegt einem zyklischen
Wandel, wobei die einzelnen Phasen mosaikartig über das
Gesamtsystem verteilt sind[15]. Es gibt also gar nicht *den*
Wald als einen bestimmten Zustand, sondern eigentlich nur
als Prozeß. Ähnliches gilt für Korallenriffe und für das Wat-
tenmeer.
Auch hier erweist sich die Biologie als eine Wissenschaft
mit Objekten besonderen Typs, mit besonderen Schwierigkeiten, aber auch mit besonderer Kompetenz und eben
darum mit besonderen Chancen.

Die Wissenschaft vom Leben 25

Biologie als Wissenschaft vom Individuellen

Wie wir gesehen haben, ist die Zahl der Objektklassen mit
relevanten Unterschieden in der Biologie besonders hoch.
Während die Physik erfolgreich verallgemeinert und die all-
gemeinsten Gesetzmäßigkeiten sucht, steht in der Biologie
das Besondere, das Spezifische, das Arteigene und Eigen-
artige im Vordergrund.
In dieser Frage steht die Biologie wissenschaftssystematisch
zwischen der allgemeiner ausgerichteten Physik und der
noch individueller ausgerichteten Medizin. Da sie beide
Aspekte, den generalisierenden und den individualisieren-
den, *verbindet*, ist sie der ideale Prototyp für wissenschaftstheoretische Überlegungen. Nur haben das die Wissenschaftstheoretiker, die eben oft aus der Physik kommen,
noch nicht gemerkt.

Biologie als bildhafte Wissenschaft

Die meisten Objekte der Biologie können raumzeitlich *vorgestellt* werden, nicht nur Pflanzen und Tiere, auch Mikroorganismen, Viren, die Doppelhelix, ein Protein-Molekül.
Die kleineren Objekte kann man zwar nicht mehr sehen,
aber doch bildlich darstellen, auf dem Computer-Bild-
schirm simulieren.
Das gilt zwar nicht für alle Prozesse, Dynamiken, Zusammenhänge, Regelkreise; es ist aber doch ein Merkmal, das
die Biologie besonders auszeichnet. Vielleicht hat ihr das
den Ruf eingetragen, eine »einfache« Naturwissenschaft zu
sein? Es ist jedenfalls ein Vorteil, den Biologen, Forscherin-
nen wie Lehrer, nutzen können.

Biologie und die Frage »wozu«?

Zu den charakteristischen Merkmalen der Lebewesen gehört, daß sie ihre Information weitergeben, daß sie sich
fortpflanzen, sich vermehren. Da alle Ressourcen be-

26 *Die Wissenschaft vom Leben*

schränkt sind, geraten alle Organismen in Wettbewerb um diese Ressourcen, sie treten in zwischenartliche oder innerartliche Konkurrenz. Solche Gene und Genkombinationen, die ihre Träger am wirksamsten dazu bringen, sich zu vermehren, werden auch in der nächsten Generation am stärksten vertreten sein. Darwins natürliche Auslese oder Spencers »survival of the fittest« ist also nichts anderes als unterschiedliche Vermehrung aufgrund unterschiedlich nützlicher Gene.

Biologische Systeme stellen uns somit nicht nur vor die Aufgabe zu staunen, zu beschreiben, zu ordnen und zu erklären; sie haben auch eine *Funktion*. Die Frage nach der individuen-, gen- oder populationserhaltenden *Zweckmäßigkeit*, die *teleonomische* Frage, ist in der Biologie immer sinnvoll, für ein tieferes Verständnis sogar unerläßlich.

Die funktionelle Betrachtungsweise – wozu ist das gut? – ist deshalb in die Biologie von vornherein eingebaut; sie liegt in der Natur der Sache, sozusagen in der Natur der (belebten) Natur. Das unterscheidet die Biologie von allen ihren Basis- und Hilfswissenschaften, von der Chemie, von der Physik und natürlich erst recht von der Mathematik. Innerhalb der Naturwissenschaften spielt die Biologie auch in dieser Hinsicht eine Sonderrolle, auf die sie in gewissem Sinne stolz sein kann: Sie kennt Fragen und Erklärungsweisen, die woanders überhaupt nicht vorkommen. Eine Wissenschaftstheorie, die sich ausschließlich an der Physik orientiert, kann deshalb der Biologie und damit auch der Wissenschaft insgesamt nicht gerecht werden.

Biologie und Kosten-Nutzen-Denken

Darwins Prinzip der natürlichen Auslese (differentielle Reproduktion aufgrund unterschiedlicher Tauglichkeit) erlaubt uns nicht nur, nach Funktion und Zweckmäßigkeit zu fragen; es führt ja seinerseits zu einem Selektionsdruck, zu »Anpassung als Notwendigkeit« (so ein älterer Buchtitel),

Die Wissenschaft vom Leben 27

zu evolutiven Prozessen, zu *Optimierungen*. In der Evolutionsbiologie kommt es dabei nicht nur auf die nackte Leistung an, sondern – wieder aus Konkurrenzgründen – auf Leistung und Leistungssteigerung *unter vertretbarem Aufwand*. Wesentlich sind also neben dem Nutzen immer auch die Kosten, und entscheidend ist letztlich immer nur das Kosten-Nutzen-Verhältnis, die *Effektivität*.

So gehen in die Evolutionsbiologie und damit in die gesamte Biologie auf natürliche und unverzichtbare Weise Kosten-Nutzen-Überlegungen ein. Das bedeutet nicht, daß die Biologie ein Teilgebiet der Ökonomie wäre; es zeigt nur, daß der ökonomische Ansatz allgemeiner ist als sein Name und seine Herkunft verraten. Wo immer knappe Güter verbraucht werden – und das ist bei Organismen als Fließgleichgewichten und selbstreplikativen Systemen eben »automatisch« und »schon immer« der Fall –, da greifen Kosten-Nutzen-Prinzipien.

Das erleichtert es der Biologin auch in anderen Zusammenhängen, Kosten-Nutzen-Erwägungen anzustellen. Sie muß nicht erst Wirtschaftswissenschaft studieren, um solche Zusammenhänge zu verstehen[16]. (Schaden kann es allerdings auch nicht.) Für die Biologie als anwendbare und angewandte Wissenschaft sind solche Zusammenhänge die Regel, seien sie nun ökologischer, ernährungswissenschaftlicher oder medizinischer Natur. Die Bekämpfung der Schraubenwurmfliege in Nordafrika hat 84 Millionen Mark gekostet. Wie in allen anderen Fällen muß natürlich auch hier gefragt werden, ob sich der Aufwand – voraussichtlich bzw. in der Rückschau – lohnt. Das Verbot von DDT hat sicher manche Schäden verhindert; man muß aber auch wissen und bedenken, daß die Zahl der Malaria-Kranken und -Toten seit diesem Verbot wieder sprunghaft zugenommen hat[17]. Was ist nun wichtiger?

Viele Menschen finden eine Sache (Maßnahme, Regel, Ereignis, Ding) schon dann gut, wenn sie einen Vorteil dieser Sache sehen, eine andere schon deshalb schlecht, weil sie

28   *Die Wissenschaft vom Leben*

einen Nachteil kennen. In Wahrheit hat alles Vorteile *und* Nachteile, und es kommt darauf an, diese zu bewerten und gegeneinander abzuwägen, vielleicht sogar miteinander zu verrechnen. Evolutionsbiologische Überlegungen können dafür eine gute Schule sein. Biologen und Biologinnen sollten das nutzen. (Es kostet sie ja nichts!)

Biologie als Naturwissenschaft mit historischer Dimension

Über die Prinzipien der natürlichen Auslese kommt bei biologischen Erklärungen immer auch eine historische Komponente ins Spiel: Dieses Merkmal gibt es jetzt (noch), weil es schon früher einen generhaltenden Vorteil bot und deshalb, einmal entstanden, beibehalten und weiterentwickelt wurde.

Die Evolutionsbiologie – und alle Biologie *ist* Evolutionsbiologie – hat also »immer schon« einen historischen Bezug. »Nothing in biology makes sense except in the light of evolution«, sagt Theodosius Dobzhansky[18]. Wir könnten auch sagen: Biologie ohne Evolution ist nicht mehr als Schmetterlingsfangen. Auch dieses Merkmal zeichnet die Biologie aus.

Gewiß, auch die Physik hat – über Thermodynamik, Astrophysik, Kosmologie und Chaostheorie – den historischen, den evolutionären, den Entwicklungsaspekt längst entdeckt. Aber wie ihre Geschichte zeigt, ist eine Physik ohne Evolution wenigstens möglich, eine Biologie ohne Evolution dagegen nicht. Wir könnten auch sagen: Physik ohne Evolution ist einäugig, Biologie ohne Evolution ist blind.

Biologie als zukunftsorientierte Wissenschaft

Wir haben gesehen, daß der historische Aspekt für die Biologie tragend ist. Dieser Aspekt erschließt zunächst einmal die Vergangenheit. Prognosen sind dagegen für die Evolutionsbiologie schwierig. Das hat der Biologie den Vorwurf

Die Wissenschaft vom Leben 29

eingetragen, sie könne gar keine Prognosen machen, sie sei deshalb nicht prüfbar und somit überhaupt keine erfahrungswissenschaftliche Disziplin. Dieser Vorwurf ist doppelt unberechtigt: Erstens können auch Retrodiktionen (Nachhersagen) die Prüfbarkeit sicherstellen, und zweitens macht die Evolutionstheorie durchaus prüfbare Prognosen, wenn auch in geringerem Maße als etwa die Physik[19].

Für unsere Überlegungen wichtiger ist jedoch ein anderer Aspekt. Die Betrachtungsweisen von Evolutionsbiologie, Populationsgenetik, Biogeographie und Ökologie sind immer *langfristig* und deshalb wie von selbst für Zukunftsprobleme relevant. Ein Beispiel ist die bereits erwähnte Mosaik-Zyklus-Theorie des Waldes. Die charakteristischen Zykluszeiten liegen hier bei 400 bis 1000 Jahren. Die Theorie erlaubt deshalb qualitative Prognosen und sogar gezielte Eingriffe.

Ein anderes Beispiel ist der *Naturschutz*. Naturschutz betreiben Biologinnen in der Regel nicht für sich selbst, sondern für alle und vor allem für künftige Generationen. Deshalb ärgert es jeden Naturschützer, wenn er über einen alten Fischteich (oder einen neuen Baggersee) lesen muß, er werde »zu einem Drittel den Anglern, den Surfern und den Naturschützern zur Verfügung gestellt«[20]. Im Gegensatz zu den Anglern und Surfern wollen und bekommen die Naturschützer ja gar nichts für sich, sondern höchstens etwas für die Allgemeinheit, zu der übrigens auch die Angler und Surfer noch einmal gehören. Offenbar ist es noch nicht ins öffentliche Bewußtsein gedrungen, daß Naturschutz allen dient und deshalb eine Aufgabe für jeden ist, auch wenn die entsprechenden Fachleute Biologinnen sind.

Die Vergänglichkeit von Individuen wird vielleicht dem Arzt, die Vergänglichkeit von Populationen, Arten und Ökosystemen dagegen wird der Biologin am stärksten bewußt. Sie hat deshalb eine besonders gute *Chance*, Verantwortung für künftige Generationen zu entwickeln und ihr Wissen in Taten umzusetzen. Ob die Biologen in dieser

30 *Die Wissenschaft vom Leben*

Hinsicht genug tun, soll hier dahingestellt bleiben; die Öffentlichkeit jedenfalls scheint es noch nicht einmal bemerkt zu haben.

Es wird Zeit, daß die Biologie als Ganzes hier etwas unternimmt. Sie steht dabei vor einer mehrfachen Aufgabe: Sie muß wissen, wo ihre Möglichkeiten liegen; sie muß dieses Wissen nach außen hin vertreten; sie muß spüren, daß ihre hohe Anwendbarkeit ihr besondere Verantwortung auferlegt, und sie muß diese Verantwortung sichtbar übernehmen; zurückhaltend muß sie nicht nur dort sein, wo sie selbst glaubt, daß Vorsicht angebracht ist, sondern eben auch dort, wo die Öffentlichkeit Zurückhaltung erwartet oder verlangt.

Also

Die Biologie ist eine großartige Wissenschaft. Sie ist vielseitig, unerschöpflich, erfolgreich, praktisch anwendbar und dabei auch noch besonders nützlich. Aber sie steht vor eigenartigen Schwierigkeiten: Lebendige Systeme sind vielfältig, kompliziert, schwer durchschaubar, schwer steuerbar. Soweit die Biologie diese Schwierigkeiten überwindet, kann sie stolz auf ihre Leistungen sein. Es ist wichtig, daß die Biologie sich gerade für diese Schwierigkeiten kompetent fühlt und zeigt. Nur dadurch kann Außenstehenden deutlich werden, wo die besonderen Aufgaben und Leistungen der Biologie liegen. Dann wird sie zu Recht als Jahrhundertwissenschaft gelten.

Anmerkungen und Literatur

1 Armin Hermann, *Die Jahrhundertwissenschaft. Werner Heisenberg und die Physik seiner Zeit*, Stuttgart 1977.

2 Ernst Zimmer, *Umsturz im Weltbild der Physik*, München 1961.

3 Ernst Florey, *Aufgaben und Zukunft der Biologie*, Konstanz 1972, S. 79. Dieses informative Büchlein enthält zwar ein kurzes Kapitel über die Stellung der Biologie in der Öffentlichkeit (S. 9 bis 13), verrät dort aber nur, was jeder Gebildete über Biologie wissen und wie deshalb der Biologieunterricht aussehen *sollte*.

4 Jost Herbig, *Die Gen-Ingenieure. Der Weg in die künstliche Natur*, München 1978, Frankfurt a. M. 1980, S. 7.

5 Bibliographische Angaben zu den genannten Büchern: Jeremy Cherfas, *Man Made Life. A Genetic Engineering Primer*, Oxford 1982; Claus Conzelmann, *Die neue Genesis: Biotechnologie verändert die Welt*, Düsseldorf 1986; Wolfgang van den Daele, *Mensch nach Maß? Ethische Probleme der Genmanipulation*, München 1985; Karin Dohmen (Hrsg.), *Gentechnologie. Die andere Schöpfung?*, Stuttgart 1988; Klaus Grosch [u. a.] (Hrsg.), *Herstellung der Natur?*, Frankfurt a. M. 1990; Egmont R. Koch / Wolfgang Kessler, *Menschen nach Maß*, Reinbek bei Hamburg 1976 (ursprüngl. u. d. T.: *Am Ende ein neuer Mensch?*, Stuttgart 1974); Jeremy Rifkin, *Genesis zwei. Biotechnik – Schöpfung nach Maß*, Reinbek bei Hamburg 1986 [das englische Original von 1983 heißt – offenbar in Anspielung auf die fragwürdige Goldsuche der Alchemisten – *Algeny*]; Stephan Wehowsky (Hrsg.), *Schöpfer Mensch? Gen-Technik, Verantwortung und unsere Zukunft*, Gütersloh 1985. Mit Gentechnik nichts zu tun hat dagegen Herbert Heckmann, *Die andere Schöpfung: Geschichte der frühen Automaten in Wirklichkeit und Dichtung*, Frankfurt a. M. 1982.

6 G. Hobom, »Gentechnologie«, in: Emil H. Graul [u. a.] (Hrsg.), *Medicenale XVIII*, Iserlohn 1988, S. 479–487, dort S. 480.

7 Hubert Markl, *Wissenschaft im Widerstreit: Zwischen Erkenntnisstreben und Verwertungspraxis*, Weinheim 1990, S. 113.

8 Jean Piaget, *Einführung in die genetische Erkenntnistheorie*, Frankfurt a. M. 1973, S. 14 f.

9 Ernst Peter Fischer, *Die Viren im Kopf. Einige Vermutungen über den Ursprung von AIDS*, Mannheim 1989, S. 48–51.

10 Markl (vgl. Anm. 7).

11 Martin Harwit, *Die Entdeckung des Kosmos. Geschichte und Zu-*

32   *Die Wissenschaft vom Leben*

kunft astronomischer Forschung, München 1983, S. 59 ff. und
Kap. 4.

12 Eine systematische Übersicht über die biologischen Fachgebiete
gibt etwa Florey (vgl. Anm. 3), S. 13–16.

13 Gerhard Vollmer, »Die vierte bis siebte Kränkung des Menschen«, in: Herbert Grabes (Hrsg.), *Wissenschaft und neues
Weltbild*, Gießen 1992, S. 91–108; auch in: *Philosophia naturalis*
29 (1992) S. 118–134.

14 Hannes Alfvén, *Atome, Mensch und Universum*, Frankfurt a. M.
1973, S. 19 f.

15 Hermann Remmert, *Naturschutz*, Berlin 1988, S. 64–71.

16 Die Zusammenhänge zwischen Evolutionsbiologie und Ökono-
mie, die vor allem durch die mathematische Spieltheorie vermit-
telt werden, werden neuerdings immer deutlicher gesehen. Vgl.
etwa: Hans Mohr, »Qualitatives Wachstum in Biologie und
Ökonomie«, in: *Naturwissenschaftliche Rundschau* 38 (1985)
S. 267–274; Bruce M. Beehler, »Paradiesvögel: Ökonomie als
Evolutionsfaktor«, in: *Spektrum der Wissenschaft*, Feb. 1990,
S. 114–124; K. Konrad, »Evolutorische Ökonomik – Leben statt
Mechanik als Leitbild«, in: *Spektrum der Wissenschaft*, Aug.
1991, S. 30–33.

17 Dazu etwa Ralf Schauerhammer, *Sackgasse Ökostaat. Kein Platz
für Menschen*, Wiesbaden 1990, Kap. 6.

18 Theodosius Dobzhansky, »Nothing in Biology Makes Sense
Except in the Light of Evolution«, in: *The American Biology
Teacher* 35 (1973) S. 125–129.

19 Hierzu etwa M. Williams, »Falsifiable Predictions of Evolutionary Theory«, in: *Philosophy of Science* 40 (1973) S. 518–537.

20 Remmert (vgl. Anm. 15) S. 44 f.

Die Grenzen der Biologie
Eine Übersicht

Von Zeit zu Zeit geraten wir in Diskussionen besonderer Art und stoßen dabei auf Fragen und Antworten wie die folgenden:

- *In einer Diskussion über Nessie (oder über »Jurassic Park«): Kannst Du beweisen oder garantieren, daß es in Loch Ness keinen·Saurier mehr gibt? Worauf die Antwort lauten könnte: Nein, die Nichtexistenz eines Tieres zu garantieren, übersteigt die Grenzen der Biologie.*
- *In einer Diskussion über Descartes' Behauptung, Tiere seien nichts als Automaten: Wissen wir denn wirklich, ob Tiere Schmerzen empfinden? Übersteigt eine solche Behauptung nicht die Grenzen der Biologie (oder der Naturwissenschaft, der Erfahrungswissenschaft, der Wissenschaft überhaupt)?*
- *In einer Diskussion über den Platz des Menschen in der Natur: Die evolutive Leiter, der Stammbaum der Lebewesen, die traditionelle* scala naturae, *aber auch schon einfache Komplexitätsüberlegungen zeigen, daß der Mensch allen anderen Lebewesen (und erst recht allen unbelebten Systemen) überlegen ist. Aber überschreiten wir mit solchen wertenden Aussagen nicht die Grenzen der Biologie?*
- *Ein letztes Beispiel: Sind wir eigentlich verpflichtet, auf der Erde so viele Arten wie möglich zu bewahren? Und kann eine solche Verpflichtung aus der Biologie abgeleitet werden, oder übersteigt auch sie die Grenzen der Biologie?*

In all diesen Fällen stoßen wir an Grenzen der Biologie, auf Fragen, in denen Biologinnen und Biologen von ihrem Fach her nicht mehr kompetent sind. Was hat es mit diesen Grenzen auf sich? Offenbar gibt es verschiedenartige Grenzen:

34   *Die Grenzen der Biologie*

*des Wissenkönnens, des Wissenwollens, des Machenkönnens,
des Tundürfens.*
Im folgenden (geringfügig gekürzten) Beitrag werden die
Besonderheiten *der Biologie kurz charakterisiert, vor allem
aber ihre* Grenzen *systematisch zusammengestellt und an
Beispielen verdeutlicht. Einige dieser Grenzen betreffen speziell die Biologie, andere gelten jedoch viel allgemeiner: für
alle Naturwissenschaften, für alle Erfahrungswissenschaften, zum Teil sogar für alle Wissenschaft. Die Arbeit entstand auf Anregung von Frau Elisabeth von Falkenhausen,
damals Fachleiterin für Biologie in Braunschweig. Sie über-
nahm die Arbeit in ihr Buch zum wissenschaftspropädeutischen Biologieunterricht.*

Aufgaben der Biologie

Fragen nach der Natur der Biologie oder nach ihren
Grenzen werden zwar von vielen Biologen gestellt; es
sind jedoch nicht eigentlich *biologische* Fragen, denn sie
werden nicht mit biologischen Methoden, etwa durch
Freilandbeobachtungen oder durch Experimente in einem
biowissenschaftlichen Labor beantwortet. Fragen nach dem
Charakter einer Disziplin gehören vielmehr in die *Meta-
wissenschaft,* hier in die Wissenschaftstheorie. Unsere Überlegungen werden also weniger innerbiologischer als meta-
biologischer Natur sein.
Der Aufgabenbereich einer Wissenschaft bestimmt sich
nach ihren Gegenständen oder *Objekten,* nach den *Fragen,*
die sie dazu stellt, und nach den *Methoden,* deren sie sich
zur Beantwortung dieser Fragen bedient. Die Biologie ist
eine *Erfahrungswissenschaft,* die *lebende Systeme* untersucht, um sie zu beschreiben, ihr Verhalten zu erklären und
nach Möglichkeit auch vorauszusagen. Sie steht damit im
Spannungsfeld zwischen der allgemeineren Wissenschaft
Physik, die sich mit allen realen Systemen – belebten wie

Die Grenzen der Biologie 35

unbelebten – befaßt, und der spezielleren Wissenschaft Psychologie, die unter den belebten Systemen nur solche mit Bewußtsein(serscheinungen) untersucht.

[...]

Wo die Grenzen nicht liegen

Die Grenzen der Biologie liegen nicht dort, wo man sie einige Zeit vermutete: *Biologie ist nicht unvollkommene Physik.* Die Wissenschaftstheorie ist zunächst hauptsächlich vom Paradigma Physik ausgegangen und war versucht, die dort entwickelten Maßstäbe auf alle Wissenschaften auszudehnen. Aus dieser Perspektive könnte die Biologie tatsächlich als eine recht fragwürdige Wissenschaft erscheinen:

- Ihr Objektbereich und somit auch der Anwendungsbereich ihrer Gesetze ist deutlich kleiner als der von physikalischen Gesetzen.
- Biologische Gesetze sind viel schwerer zu finden als physikalische.
- Die meisten biologischen Gesetze scheinen Ausnahmen zuzulassen, sind also selbst im Kompetenzbereich der Biologie nicht allgemeingültig.
- Erklärungen sind weniger zwingend, und manche evolutiven Fakten lassen überhaupt keine Erklärung zu.
- Prognosen sind schwierig, in vielen Fällen sogar ganz unmöglich.
- Biologische Theorien können deshalb zwar bestätigt, aber kaum widerlegt werden.
- Nach dem Popperschen Falsifikationskriterium – eine gute erfahrungswissenschaftliche Theorie muß an der Erfahrung scheitern können – böte die Biologie, vor allem aber die Evolutionstheorie, also nur ein zwar fruchtbares, letztlich aber doch metaphysisches Forschungsprogramm.

36   *Die Grenzen der Biologie*

– Biologische Theorien sind wenig mathematisiert, erst recht nicht axiomatisch aufgebaut.

Nähme man diese Darstellung ernst, so wären die Grenzen der Biologie offenbar dadurch bestimmt, ob und wieweit sie an das Wissenschaftsideal der Physik heranreicht. Aus dieser Perspektive erschiene die Biologie als eine eher »unsaubere« Wissenschaft. Diese Perspektive ist jedoch nicht die einzig mögliche und vor allem nicht die einzig richtige. Was könnte uns auch hindern, den Spieß einmal umzudrehen und nun umgekehrt die Physik als »leblos«, als »trocken«, als detailarm oder als gräßlich abstrakt anzusehen? Gemessen an der Vielzahl und der Verschiedenartigkeit ihrer Objekte jedenfalls ist die Biologie der Physik weit überlegen.

Mit dieser Symmetrisierung soll nun allerdings keine umgekehrte Wertung vorgeschlagen, sondern vor solchen Wertungen überhaupt gewarnt werden. Nur dann wird man die methodische Eigenständigkeit der Biologie sehen und zu würdigen wissen. Und nur dann wird man auch die *Grenzen* der Biologie richtig einschätzen.

Verschiedenartige Grenzen

Grenzen einer Disziplin kann es in mehrerlei Hinsicht geben:

– theoretisch-kognitive Grenzen
  (»Was können wir *wissen*?«),
– Grenzen der Neugier
  (»Was *wollen* wir wissen?«),
– praktisch-technische Grenzen
  (»Was können wir *machen*?«),
– ethisch-moralische Grenzen
  (»Was *dürfen* wir tun?«).

Diese Grenzen sind nicht unabhängig voneinander. Wir können sie zwar unterscheiden, aber nicht völlig voneinan-

Die Grenzen der Biologie 37

der trennen. Was wir herstellen, verändern oder verhindern können, hängt stark von unserem Wissen ab; umgekehrt ist der technische Fortschritt regelmäßig Schrittmacher für den Erkenntnisfortschritt. Und moralische Grenzen werden oft erst erkennbar und spürbar, wenn Wissen und Können eine gewisse Schwelle überwunden haben. Trotz dieser Verflechtung werden wir versuchen, die genannten Bereiche getrennt zu behandeln. Dabei wird sich herausstellen, daß die meisten Grenzen der Biologie letztlich für alle Naturwissenschaften gelten und für sie sogar charakteristisch sind.

Bietet die Biologie sicheres Wissen?

Wir können diese Frage erweitern zu der allgemeineren Frage, ob es überhaupt sicheres Wissen gibt. Da wir diese Frage verneinen werden, erübrigt sich dann auch eine spezielle Betrachtung der Biologie.

Jahrhundertelang war man überzeugt, daß es sicheres Wissen gebe. Viele Wege schienen dorthin zu führen: Heilige Schriften und kirchliche Dogmen, göttliche Offenbarung und platonische Ideenschau, evidente Axiome und zwingende Schlüsse, angeborene Ideen und synthetische Urteile a priori, Erfahrung und Denken, Beobachtung und Experiment, Induktion und Deduktion.

Immer aber gab es auch Skeptiker, welche die Möglichkeit sicheren Wissens in Zweifel zogen. Mehr und mehr Erkenntniswege erwiesen sich als unsicher, als nur subjektiv oder überhaupt als ungangbar. Die Berufung auf außermenschliche Instanzen erscheint heute irrational und dogmatisch; für Evidenz und Intuition läßt sich Intersubjektivität nicht erzwingen; und Sinnestäuschungen und Massenpsychosen entwerten das Zeugnis der Sinne selbst dann, wenn es intersubjektiv abgesichert erscheint. Logik und Mathematik sind Strukturwissenschaften, die ihre Sicherheit – soweit sie solche überhaupt aufweisen – gerade ihrem Ver-

38   Die Grenzen der Biologie

zicht auf Weltbeschreibung verdanken; Erfolg und Bewährung liefern keine Wahrheitsgarantien, da auch Irrtum gelegentlich zum Erfolg führen kann; induktive Schlüsse sind nicht notwendig wahrheitsbewahrend; vermeintliche Naturgesetze erweisen sich häufig als falsch; synthetische Urteile a priori scheint es nicht zu geben.

Die Argumente für und gegen die Existenz oder die Möglichkeit sicheren Wissens können hier nicht vorgestellt werden. Zweieinhalb Jahrtausende Erkenntniskritik und Wissenschaftsphilosophie scheinen jedoch eines zu lehren: *Sicheres Wissen über die Welt gibt es nicht.* Alle Beweisversuche, alle Ansätze zur Letztbegründung, alle Rechtfertigungsprogramme führen unweigerlich in das Münchhausen-Trilemma, in die dreifache Sackgasse von logischem Zirkel, unendlichem Regreß und dogmatischem Abbruch: Erkenntnis im traditionellen Sinne, sicheres Wissen über die Welt, Letztbegründungen sind Utopien, deren Realisierungsversuche mit ernüchternder Regelmäßigkeit gescheitert sind.

Daran kann auch die Biologie nichts ändern. Biologisches Wissen ist, wie alle Wissenschaft, fehlbar, vorläufig, hypothetisch. Allerdings sollte man aus dieser Einsicht nicht den Schluß ziehen, wissenschaftliche Erkenntnis sei, weil nicht sicher, im Grunde nur spekulativ und darum wertlos. Zwischen Sicherheit und bloßer Spekulation liegt ein weites Spektrum. Die Wissenschaftstheorie ist bemüht, die Kriterien herauszuarbeiten, nach denen Theorien beurteilt werden können und die eine vernünftige Theoriewahl erlauben. Dabei lassen sich notwendige und wünschbare Kriterien unterscheiden. Notwendige Merkmale einer guten erfahrungswissenschaftlichen Theorie sind Zirkelfreiheit, Widerspruchsfreiheit, Erklärungswert, Prüfbarkeit und Testerfolg; wünschbar sind darüber hinaus Einfachheit, Anschaulichkeit, Breite, Tiefe, Lückenlosigkeit, Präzision, Axiomatisierbarkeit, Anwendbarkeit und noch viele andere Merkmale. Alle diese Kriterien reichen zwar nicht aus, die einst er-

Die Grenzen der Biologie 39

träumte Sicherheit wissenschaftlicher Erkenntnis wieder-
herzustellen; sie können aber doch dazu dienen, wissenschaftliche Hypothesen als zulässig und bewährt, sogar als
zuverlässig oder vertrauenswürdig auszuzeichnen.

Wird die Biologie jemals abgeschlossen sein?

Sicherheit und Vollständigkeit sind verschiedene Eigenschaften. Auch wenn die Biologie kein *sicheres* Wissen liefert, so könnte sie doch wenigstens mit *fehlbaren* Antworten alle ihre Probleme lösen. Aber auch das wird niemals
der Fall sein.
Objekte der Biologie sind ja nicht nur die jetzt lebenden
Pflanzen und Tiere, sondern auch alle ihre stammesgeschichtlichen Vorformen. Zu einer abgeschlossenen Biologie
gehört also nicht nur die Beschreibung dessen, was es der-
zeit alles gibt, sondern auch die Rekonstruktion der gesamten Stammesgeschichte. Wie und warum aus primitiven
Einzellern jene hochkomplexen Lebewesen hervorgegangen
sind, die wir heute finden und sogar selbst darstellen, wie
jede Art, jedes Organ, jedes Gewebe, jede Funktion, überhaupt jedes beliebige Merkmal entstanden ist, all das müßte
Gegenstand einer vollständigen Biologie sein.
Nun gibt es aber zwei Millionen verschiedene Arten, und
auch diese stellen nach ernsthaften Schätzungen höchstens
ein Prozent all der Arten dar, die bisher gelebt haben. Zweihundert Millionen Arten mit ebenso vielen Merkmalen und
Merkmalskombinationen beschreiben und phylogenetisch
erklären zu wollen, stellt aber ein nie abschließbares Unter-
fangen dar. Zu einer phylogenetischen Erklärung gehört ja
nicht nur die Beschreibung des *Weges*, auf dem ein Merkmal
entstand, nicht nur die Angabe aller Vor- und Zwischenstu-
fen, sondern auch der Aufweis der *Selektionsbedingungen,*
der art- und generhaltenden *Funktion* all dieser Merkmale
einschließlich ihrer Vor- und Zwischenstadien.

40 *Die Grenzen der Biologie*

Eine in diesem Sinne vollendete Biologie wird es somit nie geben. Das gilt selbst dann, wenn die Physik einmal zu einem derartigen Abschluß kommen sollte. Diese grundsätzliche Unvollständigkeit der Biologie könnte man als Vorteil oder als Nachteil empfinden: als Vorteil, weil dem Biologen »der Stoff, aus dem die Fragen sind«, niemals ausgeht, als Nachteil, weil biologisches Forschen einer Sisyphus-Arbeit gleicht. Einstweilen sieht es jedenfalls nicht so aus, als ob Biologie langweilig werden könnte.

Liefert die Biologie letzte Erklärungen?

Ein wichtiges Ziel der Wissenschaft sind Erklärungen. Erklärungen wofür? Nun, für alles, was uns einer Erklärung zu bedürfen scheint. Was aber sind Erklärungen? Gelegentlich hört man, etwas erklären bedeute, es auf Bekanntes zurückführen. Dies ist nicht immer richtig. Manchmal – und das sind gerade die großen Momente der Wissenschaftsgeschichte – entwerfen Wissenschaftler neue, bisher *unbekannte* Hypothesen, mit denen sie dann Neues oder längst Bekanntes, aber bislang Unerklärtes zu erklären vermögen. So erklärt Thomas Hunt Morgan viele Tatsachen der Vererbung unter Verwendung des von Johannsen vorgeschlagenen *neuen* Begriffs »Gen« und vor allem *neuer* Hypothesen über solche Gene. Und Watson und Crick können durch Einführung der bis dahin unbekannten oder wenigstens unerkannten Doppelhelix die Beobachtungen bei der Röntgenstrukturanalyse und viele weitere Befunde erklären. Solche Erklärungen sind also Rückführungen auf bislang Unbekanntes.

Bekannt oder nicht – offenbar enthält jede Erklärung nicht nur das, *was* erklärt wird, sondern auch etwas, *womit* sie erklärt, etwas, worauf sie das zu Erklärende zurückführt. Der erklärende Teil – meist eine Kombination aus allgemeinen Gesetzlichkeiten und speziellen Rand- und Anfangsbedingungen – kann dann seinerseits wieder Gegenstand von Warum-Fragen und damit von tieferen Erklärungen sein. Offenbar kann es somit auch ganze Erklärungsketten, Erklärungsnetze und Erklärungshierarchien geben, in denen jeweils ein oder mehrere Glieder der Erklärung anderer Glieder dienen.

Kann eine solche Kette, kann ein solches Netz irgendwo *auf natürliche Weise* enden? Eine *unendliche* Fortsetzung ist ja schon aus praktischen Gründen unmöglich. Und ein Erklärungs*zirkel*, bei dem in einer Erklärung auf Fakten zurückgegriffen wird, die ihrerseits schon einmal als erklärungsbedürftig aufgetreten waren, wäre logisch fehlerhaft, ein typischer Circulus vitiosus. Eine letzte Erklärung wäre also eine, deren erklärender Teil einer weiteren Nachfrage weder bedürftig noch fähig wäre. (Naturphilosophisch könnten wir auch nach einer *letzten Ursache* fragen, nach einer Ursache also, die weder selbst eine weitere Ursache hat noch ihrer bedarf, etwa wenn sie ihre eigene Ursache sein könnte.)

Nun gibt es aber keine Tatsache und keine Tatsachenbehauptung, bei der die Frage »Warum?« *sinnlos* wäre. Letzte Erklärungen kann es deshalb nicht geben, und auch die Biologie kann solche nicht liefern. Es mag sein, daß eine weitere Erklärung uns nicht interessiert; es mag auch sein, daß sie uns trotz großen Interesses nicht gelingt; und es mag sein, daß es sich beim Explanandum um ein absolut zufälliges und damit auch unerklärbares Ereignis handelt. Was immer der Grund dafür ist, daß wir keine weitere Erklärung geben (wollen oder können), – letzte Erklärungen gibt es nirgends, auch nicht in der Biologie.

Gibt es Unerklärbares?

Wir haben betont, daß die Frage »Warum?« bei jedem Faktum legitim ist. Aus der Berechtigung der Frage folgt freilich nicht, daß wir immer auch eine Antwort wüßten. Gibt

Die Grenzen der Biologie

es Tatsachen, die von der Biologie zwar beschrieben, jedoch nicht erklärt werden können? Solche Tatsachen gibt es tatsächlich. Man kann sie in drei Gruppen einteilen.

Die erste Gruppe umfaßt Tatsachen, die nicht von der Biologie, wohl aber von einer anderen Disziplin erklärt werden. So fragen wir nicht nur als Physiker nach der Entstehung von Sternen (und erhalten darauf eine *physikalische* Antwort), sondern auch als Biologen nach der Entstehung von Lebewesen. Auf diese Frage erhalten wir jedoch keine biologische Antwort. Genetik und Entwicklungsbiologie erklären zwar (ansatzweise), wie aus Lebewesen neue Lebewesen entstehen, und die Evolutionstheorie erklärt (ansatzweise), wie aus Arten neue Arten entstehen; wie jedoch die ersten Lebewesen entstanden sind, das erklären sie nicht. Sie können das auch gar nicht, da sie die Existenz von Lebewesen ja immer schon voraussetzen. *Erste* Lebewesen können offenbar nicht aus belebten Systemen entstehen (da sie sonst nicht die ersten Lebewesen wären), sondern nur aus unbelebten. Und bei unbelebten Systemen können biologische Gesetze naturgemäß noch gar nicht greifen. Die Entstehung des Lebens kann also, wenn überhaupt, nur durch Physik und Chemie erklärt werden. Angesichts der so nützlichen Arbeitsteilung zwischen Biologie und Physik (davon später) ist diese Grenze der Biologie freilich leicht zu verstehen und auch leicht zu verkraften.

Die zweite Gruppe umfaßt *Zufallsereignisse* und ihre Folgen. Zufällige Ereignissse haben keine Ursache und deshalb auch keine Erklärung. (Die Redewendung »das kann man nur durch Zufall erklären« darf, wenn sie überhaupt zugelassen wird, immer nur *metaphorisch* verstanden werden.) Freilich sind auch zufällige Ereignisse in der Regel nicht völlig gesetzlos, sondern genügen statistischen Gesetzmäßigkeiten. Solche Gesetze sind jedoch nur dann anwendbar, wenn es sich um ganze Ereignisklassen handelt. Der Erklärung von Einzelereignissen können sie dagegen nicht dienen.

Die Grenzen der Biologie 43

Für die Biologie spielen zufällige Ereignisse eine wichtige Rolle. Die ungeheuer große Zahl der existierenden Arten und erst recht die Gesamtzahl aller lebenden Systeme von einst und jetzt ist immer noch verschwindend klein gegenüber der Zahl der prinzipiell denkbaren und auch der naturgesetzlich möglichen Organismen. Aus dem riesigen Spektrum möglicher lebender Systeme wurde und wird auch noch in fernster Zukunft immer nur ein winziger Bruchteil verwirklicht. Die Auswahl der zu realisierenden Systeme unter den prinzipiell möglichen erfolgt dabei im wesentlichen über *Zufallsfaktoren*: ungerichtete Mutationen, Schwankungen der Populationsgröße, zufällige Genrekombinationen. So weisen biologische Systeme immer auch zufällige Aspekte auf, die sich weder durch deterministische noch durch Wahrscheinlichkeitsgesetze beschreiben, erklären oder gar prognostizieren lassen. Deshalb sind der Wiederholbarkeit, Erklärbarkeit und Voraussagbarkeit in der Biologie engere Grenzen gesetzt, als man sie aus der Physik kennt. Daß der Evolutionsbiologe überhaupt keine prüfbaren Prognosen machen könnte, wie vor allem im Anschluß an Karl Popper viele behaupten, ist allerdings nicht richtig.

Die dritte Gruppe unerklärbarer Ereignisse ist erst in jüngster Zeit so richtig entdeckt worden. Es ist das Verhalten *chaotischer Systeme*. Ein System heißt chaotisch, wenn *beliebig kleine* Änderungen der Anfangsbedingungen zu völlig verändertem Verhalten führen können. Dies ist auch in deterministischen Systemen möglich (deterministisches Chaos), vor allem dann, wenn das System, wie im Bereich des Lebendigen üblich, Rückkopplungen und dadurch *nichtlineares* Verhalten zeigt. Da jede Messung eine gewisse Ungenauigkeit aufweist, ist die Zukunft eines chaotischen Systems nicht in jedem Falle vorhersagbar und oft nicht einmal nachträglich erklärbar. Wie zum Ausgleich dafür eröffnen solche Systeme allerdings die *Aussicht*, daß ein System trotz reichlich chaotischen Verhaltens doch noch mit Hilfe deterministischer Gesetze – wenigstens qualitativ –

44   *Die Grenzen der Biologie*

verstanden werden kann. So bringt, so paradox es klingt, sogar das Chaos noch Ordnung in die Biologie!

Hier könnte chaotisches Verhalten vorliegen bei Zell-Zell-Kontakten, in der Embryo- und allgemeiner in der Morphogenese, bei Proteinwechselwirkungen, bei der Bildung von Mustern, insbesondere von Spiralen (Sonnenblume, Kiefernzapfen, Blattstände), bei der Bildung und Störung physiologischer Rhythmen, bei Vorgängen im Gehirn und im übrigen Zentralnervensystem, aber auch bei einigen Krankheiten, etwa bei der Krebsentstehung, und schließlich bei ganzen Ökosystemen mit ihren charakteristischen Stabilitätsproblemen.

Grenzen des Verstehens

Der Begriff des Verstehens hat viele Facetten.

Verstehen kann man zunächst einmal sprachliche Gebilde, also Wörter, Sätze, ganze Theorien. Ein Wort verstehen wir, wenn wir seine *Bedeutung* kennen. (»Bedeutung« wird hier nicht mehr definiert.) Einen Satz verstehen wir, wenn wir die Bedeutung der darin vorkommenden Wörter kennen und darüber hinaus wissen, welche *Beziehung* er zwischen diesen Wörtern herstellt, was er also behauptet, feststellt, gebietet, verbietet, fragt usw. Eine erfahrungswissenschaftliche Theorie, etwa die Theorie der Vererbung, verstehen wir, wenn wir ihre wichtigsten Begriffe und Sätze verstehen und außerdem wissen, welche *Probleme* sie löst und inwiefern sie diese Probleme besser oder auch schlechter löst als Konkurrenztheorien. Es ist einleuchtend, daß es auch für diese Verstehensweisen Grenzen geben kann; sie betreffen jedoch nicht speziell die Biologie und werden hier nicht weiter erörtert.

Verstehen kann man aber auch reale Systeme.

Bei *unbelebten* Systemen ist »Verstehen« im wesentlichen bedeutungsgleich mit »Erklären«. Ein *Objekt*, z. B. ein

Die Grenzen der Biologie 45

Kohlenstoff-Atom, verstehe ich, wenn ich seine besonderen Eigenschaften *kenne* und wenn ich diese seine Eigenschaften, insbesondere seinen Aufbau und sein Verhalten, beschreiben und *erklären* kann. Manchmal möchten wir allerdings auch noch wissen, wie ein Kohlenstoff-Atom entsteht, vielleicht sogar, wie es hergestellt werden kann. Einen *Vorgang*, z. B. eine Sonnenfinsternis, verstehe ich, wenn ich weiß, wie und warum er abläuft und warum gerade so und nicht anders.

Bei *belebten* Systemen kommt zu den fraglichen – und das heißt auch befragenswerten – Eigenschaften noch ihre Zweckmäßigkeit hinzu. Den Blutkreislauf verstehe ich, wenn ich (ihn nicht nur kausal erklären kann, sondern auch) weiß, wozu er *dient*, welche *Funktion* er hat, wie er das *Überleben* des Organismus sichert oder ermöglicht. In diesem Sinne können wir auch Pflanzen und Tiere verstehen. Die Grenzen des Verstehens fallen dabei mit den Grenzen des Erklärens zusammen. Und ein vollständiges Verstehen – bei dem es nichts mehr zu fragen gäbe – ist dabei sowenig erreichbar wie eine letzte Erklärung.

Im zwischenmenschlichen Bereich verwenden wir nun aber einen noch anspruchsvolleren Verstehensbegriff. Einen Menschen verstehen bedeutet offenbar mehr als seine Merkmale, sein Werden und seine lebensdienlichen Funktionen durchschauen und erklären zu können. Von uns selbst wissen wir, daß wir auch Vorstellungen, Erinnerungen, Absichten, Motive, Gefühle haben. *Direkten* Zugang haben wir dabei allenfalls zu unseren eigenen mentalen Zuständen und Prozessen. Trotzdem sind wir bereit, auch anderen Menschen ein solches »Seelenleben« zuzuschreiben. Einen *Menschen* verstehen wir deshalb erst, wenn wir auch seine inneren Zustände, insbesondere seine Gefühle und Motive kennen. Seine *Handlungen* verstehen wir, wenn wir seine Motive kennen, also wissen, welche Wünsche und Zielvorstellungen ihn zum Handeln bewogen haben. Manchmal glauben wir jemanden sogar erst dann zu ver-

46   *Die Grenzen der Biologie*

stehen, wenn wir seine Überlegungen und Gefühle auch *nachvollziehen* können.

Ohne Zweifel hat dieses Verstehen *Grenzen.* Zuweilen verstehen wir uns ja nicht einmal selbst. Noch schwieriger ist es, sich in die Vorstellungen anderer hineinzuversetzen und dabei im Wortsinne Mit-Gefühl, Mit-Leid oder Sym-Pathie zu empfinden. Genaugenommen können wir niemals sicher wissen, was ein anderer fühlt oder denkt, nicht einmal, ob er oder sie überhaupt etwas fühlt oder denkt. Beweisen können wir das jedenfalls nicht. Beweisen können wir ja nicht einmal, daß wir gestern schon existiert haben. Aber daraus folgt nun *keine bestimmte Grenze* für zwischenmenschliches Verstehen. Es kann immer noch gesteigert und verbessert werden.

Verstehen wir die Tiere?

Die Gründe, die uns veranlassen, bei anderen *Menschen* Gefühle und Vorstellungen zu unterstellen, liegen in ihrem Verhalten: in ihren Gesten, in ihrer Mimik, in ihren nichtsprachlichen Äußerungen und natürlich in dem, was sie sagen. Wir machen dabei die naheliegende Annahme, daß solchen Verhaltensweisen, die den unseren ähnlich sind, auch ähnliche innere Zustände zugrunde liegen. Dieser Analogieschluß ist, wie wir schon wissen, nicht zwingend; er gehört aber zum Standardwerkzeug des Naturwissenschaftlers. Im Falle des zwischenmenschlichen Verstehens ist diese Annahme für uns sogar so natürlich und so subjektiv zwingend, daß Karl Bühler und Konrad Lorenz gerne von einer *Du-Evidenz* sprechen: Wir können gar nicht anders, als im menschlichen Gegenüber eine bewußte Person mit Gedanken und Wünschen zu sehen.

Unabhängig davon wird jedoch dieser Analogieschluß auch durch unser Wissen um unsere biologische Verwandtschaft und um die Ähnlichkeit unserer Gehirne und Nervenpro-

Die Grenzen der Biologie 47

zesse bestens gestützt. Da es dabei – bedingt durch Unterschiede in Alter, Geschlecht oder Rasse – verschiedene Grade der Ähnlichkeit gibt, geht auch unser Verstehen von Mitmenschen verschieden weit.

In abgeschwächter Form gelten diese Argumente dann aber auch für den Umgang mit *Tieren*. Sie können uns zwar nichts sagen, nicht in unserer Sprache mit uns reden; aber dies ist ja auch bei Mitmenschen nicht immer möglich, und vor allem ist es nicht der einzige Zugang, also nicht immer nötig. Mit den Tieren haben wir die Umgebung gemeinsam, mit den höheren Tieren darüber hinaus eine lange evolutive Vergangenheit. Unsere Sinnesorgane und Zentralnervensysteme sind verwandt und – in abgestuftem Maße – ähnlich. Je länger die gemeinsame Geschichte ist, je später also die stammesgeschichtliche Aufspaltung erfolgte, desto größer sind auch die Gemeinsamkeiten und damit die Chancen für Mit-Gefühl, für Verstehen.

Daß ein höheres Tier Schmerzen haben und leiden kann, unterliegt unter diesen Gesichtspunkten keinem ernsthaften Zweifel. Bei Diskussionen über Tierversuche, Tierquälerei, Käfighaltung oder Legebatterien kann es deshalb nicht darum gehen, ob Tiere leiden können; das glauben wir bereits zu wissen und als Biologen auch zeigen (nicht beweisen!) und erklären zu können. Vielmehr müssen wir prüfen, wie wir solches Leid verringern oder *verhindern* können. Auch hier ist der Biologe, insbesondere der Neurobiologe zuständig: Er kann feststellen, ob ein Tierversuch den erhofften Erkenntniszuwachs bringt, ob ein einfacherer Organismus zur Verfügung steht, ob es sich überhaupt um ein lebendes Tier handeln muß, ob es eine schonendere Behandlung gibt, ob eine Narkose, eine örtliche Betäubung oder eine Nervendurchtrennung Erleichterung bringen können.

Vor allem aber ist zu klären, ob und inwieweit wir Leiden bei Tieren um anderer Ziele und Werte willen *in Kauf nehmen* wollen. Diese ethisch-moralische Frage läßt sich dann

48   *Die Grenzen der Biologie*

allerdings nicht mehr mit den Methoden der Biologie allein entscheiden. Sie wird *innerhalb* der Biologie nicht gestellt und nicht beantwortet. Welche Rolle bei ihrer Beantwortung das Wissen des Biologen gleichwohl spielt, soll später noch gezeigt werden.

Grenzen der Neugier?

Neugier und Spieltrieb sind wichtige Antriebe bei höheren Lebewesen, auch beim Menschen. Sie sind lebenswichtig, weil sie individuelles *Lernen* ermöglichen. Umweltgegebenheiten und vor allem Umweltveränderungen, auf die genetische Programmierung niemals vorbereiten könnte, können so »spielend« gemeistert werden. Neugierig und verspielt sind vor allem Jungtiere. Vor den Tieren zeichnet sich der Mensch jedoch dadurch aus, daß er bis ins hohe Alter neugierig und weltoffen bleibt. Aus der Sicht der Verhaltensforschung behält er ein typisches Jugendmerkmal auch als Erwachsener bei. (Konrad Lorenz spricht deshalb in Anlehnung an einen Ausdruck aus der Zoologie gerne von »Neotenie«.) »Homo ludens« (Huizinga) ist nicht die einzige, aber doch eine treffende Charakterisierung der Sonderstellung des Menschen. Auch die Wissenschaft verdankt ihre Existenz zu einem guten Teil der menschlichen Neugier. Und da gewiß immer wieder Menschen geboren werden, die nicht nur Bekanntes lernen, sondern Neues entdecken wollen, ist die Neugier in diesem Sinne *unbegrenzt*.

Der Biologe ist jedoch gewohnt, in Kosten-Nutzen-Relationen zu denken. Ist schon die Neugier unbegrenzt, so kann es doch immer mehr kosten, sie zu befriedigen. Tatsächlich wird der wissenschaftliche Erkenntnisfortschritt immer teurer. Wie fast alle *leicht* gewinnbaren Bodenschätze, insbesondere jene an der Erdoberfläche, bereits abgebaut sind, so daß weiterer Abbau immer mehr technischen Aufwand erfordert, so sind auch fast alle *einfachen*

Entdeckungen in der Wissenschaft bereits getätigt, so daß weiterer Fortschritt zunehmend mehr Ausbildung und technische Hilfsmittel verlangt. Deshalb könnte es durchaus einmal so weit kommen, daß die Befriedigung der Neugier den dazu erforderlichen Einsatz nicht mehr lohnt. Der Molekularbiologe Gunther Stent spricht hier vom »abnehmenden intellektuellen Ertrag« (»diminishing return«) einer wissenschaftlichen Disziplin. Auch in der Biologie mit ihrem unerschöpflichen Problemreichtum könnte es also passieren, daß wir weniger aus moralischen Gründen als aus Kosten-Nutzen-Erwägungen heraus die Grundlagenforschung einstellen. Dieser Punkt ist allerdings nicht im entferntesten erreicht, und es ist auch unmöglich zu sagen, wo er genau liegt; zudem wird er durch Veränderung der praktischen Bedürfnisse und durch Erweiterung der technischen Möglichkeiten immer wieder verschoben.

Grenzen durch zweckmäßige Arbeitsteilung

Die Biologie hat, wie wir gesehen haben, ein *reicheres* Fragenspektrum als die Physik. Man könnte diesen Sachverhalt allerdings auch so darstellen, daß man sagt, die Physik *beschränke* sich in ihrer Fragestellung. Daß organismische Strukturen der Erhaltung des Individuums, der Gene oder der Art dienen und in diesem Sinne *zweckmäßig* sind, bleibt schließlich auch dem Physiker nicht verborgen. Trotzdem stellt er *als Physiker,* stellt die Physik keine Zweckmäßigkeitsbetrachtungen an; sie bleiben der Biologie vorbehalten. Dies aber nicht deshalb, weil die Physik über Lebewesen nichts zu sagen wüßte. Die physikalischen Gesetze sind ja in ihrer Geltung nicht auf unbelebte Objekte beschränkt. Könnte ein Lebewesen gegen das Gravitationsgesetz oder den Energiesatz verstoßen, so wären diese Gesetze eben falsch; ihr Geltungs*anspruch* ist *universell.* Das also ist der eigentliche Unterschied zwischen Physik

50 Die Grenzen der Biologie

und Biologie: Die Physik untersucht *alle* realen Systeme, auch die belebten, und sie sucht die Gesetze, die für *alle* diese Systeme gelten. Jene Erscheinungen dagegen, die nur an Lebewesen feststellbar, und jene Gesetze, die nur auf Lebewesen anwendbar sind, bleiben traditionsgemäß der Biologie vorbehalten. Eine wissenschaftshistorisch gewachsene *Grenze* der Biologie liegt also darin, daß sie sich um die unbelebten Systeme einfach nicht kümmert.

Diese Grenze ist allerdings nicht grundsätzlich unverrückbar; denn welche Systeme lebendig sind oder, noch besser, als lebendig *gelten sollen*, das ist selbst eine Frage neuer Entdeckungen und zweckmäßiger Verabredungen. Wenn neuerdings bemerkt wurde, daß RNA-Moleküle sich vermehren können, so steht es dem Biochemiker frei, diese Moleküle aufgrund ihrer Replikationsfähigkeit als *belebt* oder wegen mangelnder Evolutionsfähigkeit als *unbelebt* anzusehen. Sprache und Intuition können diese Entscheidung nicht vorwegnehmen, da sie auf solche Grenzfälle nicht eingestellt und diesen deshalb zunächst auch nicht gewachsen sind.

Eine ähnliche arbeitsteilige Grenze wie zwischen Physik und Biologie (und noch genauer: zwischen Chemie und Biologie) gibt es nun auch zwischen Biologie und Psychologie. Wieder ist es unmöglich, hier eine genaue Abtrennung vorzunehmen. So hieß die vergleichende Verhaltensforschung oder Ethologie bezeichnenderweise zunächst noch »Tierpsychologie« und bewegte sich damit gerade in dem beiderseits offenen Bereich zwischen Biologie und Psychologie, ja sogar in dem Niemandsland zwischen Natur- und Geisteswissenschaften. Trotzdem ist es üblich und *zweckmäßig*, daß sich die Biologie auf naturwissenschaftliche Methoden und damit auf solche Merkmale *beschränkt*, die allen oder vielen Lebewesen gemeinsam sind, die sich objektivieren lassen und zu deren Untersuchung Introspektion (zwar vielleicht nützlich, aber jedenfalls) nicht erforderlich ist. Sie erforscht dabei zwar auch Lebewesen *mit*

Bewußtseinserscheinungen (einschließlich des Menschen), nicht jedoch diese Bewußtseinserscheinungen selbst. Schon Begriffe wie *bedingte Reaktion, Lernen, Aggression* oder die Existenz einer *Psychobiologie* zeigen jedoch erneut, daß eine *scharfe* Grenze zwischen Biologie und Psychologie einfach nicht existiert.

Grenzen durch Selbstbeschränkung

Offenbar schließt die Biologie als *Naturwissenschaft* – und noch allgemeiner als *Erfahrungswissenschaft* – gewisse Fragen einfach aus, die anderswo gestellt werden. Fragen nach Daseinszielen, nach dem Sinn des Lebens, nach einem Weltenschöpfer oder Weltenlenker, nach Geltungsgründen oder moralischen Rechtfertigungen werden in der Biologie nicht nur nicht beantwortet: Sie werden gar nicht erst gestellt, nicht einmal zugelassen. Als legitim gelten innerhalb der Erfahrungswissenschaft nur Fragen, die *Tatsachen* betreffen und die im Rahmen erfahrungswissenschaftlicher Methoden wenigstens prinzipiell *Aussicht* auf Beantwortung haben.

Auch hier ist die Grenze allerdings nicht starr. Die Methoden der Erfahrungswissenschaften, ihre Werk- und Denkzeuge, ihre Hoffnungen und Ansprüche, ihre Kompetenz- und Anwendungsbereiche haben sich im Laufe der Zeit verändert. Noch Isaac Newton (1643–1727), der Schöpfer der neuzeitlichen Physik, ist überzeugt, daß Gott das Planetensystem regelmäßig neu ordnet, um es vor Instabilität und Zerstörung zu bewahren. Der französische Physiker Maupertuis (1698–1759) deutet die neu entdeckten Extremalprinzipien der Mechanik als naturwissenschaftlichen Beleg für das Wirken eines weise planenden Schöpfers und als physikalische Präzisierung der Leibnizschen These, diese Welt sei die beste aller möglichen Welten. Und die Zweckmäßigkeit organismischer Strukturen wird noch im

19. Jahrhundert als sichtbares Zeichen einer ordnenden Hand angesehen. Charles Darwin (1809–1882) allerdings nimmt auch diesem »teleologischen Gottesbeweis« seinen vermeintlich zwingenden Charakter, indem er die beobachtete Zweckmäßigkeit durch innerbiologische Faktoren, insbesondere über die natürliche Auslese erklärt.

Im Gegensatz zu den Grenzen zwischen der Biologie und ihren Nachbarwissenschaften Physik, Chemie und Psychologie, die sich mehr und mehr verwischen, sind die Grenzen zwischen Biologie und Metaphysik, Biologie und Theologie, Biologie und Ethik deutlicher und schärfer geworden. Man mußte einsehen, daß vermutete Beziehungen gar nicht bestehen und daß die Erfahrungswissenschaften ihre Erfolge gerade ihrer Selbstbeschränkung verdanken. Man darf vielleicht behaupten, daß die empirischen Wissenschaften die zugelassenen *Fragen* und die zuzulassenden *Methoden* zu deren Beantwortung immer besser aufeinander abgestimmt haben. All dies bedeutet freilich nicht, daß die Disziplinen, die wir hier als verschieden und trennbar dargestellt haben, einander nichts zu sagen hätten. Auf die besondere Beziehung zwischen Biologie und Ethik und damit zwischen Fakten und Normen werden wir noch zurückkommen.

Grenzen der Machbarkeit?

»Der Mensch ist dasjenige Geschöpf, das mehr will, als es kann, und mehr kann, als es soll. Das Können, eingespannt zwischen Wollen und Sollen, ist deshalb gewöhnlich Hauptgegenstand seines Wissensdurstes.« So beginnt Wolfgang Wickler sein Buch *Die Biologie der zehn Gebote* (1971). Kein Zweifel – neben der reinen Neugier ist das Machenwollen ein Hauptmotiv für den Wissenschaftler, oft sogar noch des Grundlagenforschers. Die Anwendung, der technische Fortschritt, »die gesellschaftliche Relevanz«, wie man

Die Grenzen der Biologie 53

zeitweise gerne sagte, bestimmen häufig genug die Interessen des Forschers und besonders natürlich des Geldgebers.

Aber offenbar kann der Mensch nicht alles machen, was er will (ganz unabhängig von der Frage, ob er *wollen* kann, was er will). Wo aber liegt die Grenze des Machbaren, wo liegt sie insbesondere in der Biologie?

Eine wichtige Grenze bieten die Naturgesetze. Naturgesetze sind (bzw. beschreiben) Regelmäßigkeiten im Verhalten realer Systeme. Sie sagen, was unter bestimmten Bedingungen geschieht, geschehen muß. Alles andere ist dann – unter denselben Bedingungen – unmöglich. Man kann Naturgesetze deshalb auch als *Unmöglichkeitssätze* deuten. So besagt der Energieerhaltungssatz die Unmöglichkeit eines Perpetuum mobile; aus dem Entropievermehrungssatz folgt, daß Wärme nicht »von selbst« von Kalt auf Warm übergehen kann; und nach dem Nernstschen Wärmetheorem (dem dritten Hauptsatz der Thermodynamik) ist es unmöglich, den absoluten Nullpunkt zu erreichen. Ähnlich ist es nach dem Hardy-Weinberg-Gesetz *unmöglich*, eine rezessive Erbkrankheit allein durch Beseitigen der reinerbigen Krankheitsträger auszurotten. Wegen des vorläufigen und fehlbaren Charakters unseres Wissens können wir allerdings auch solche Möglichkeiten nicht mit letzter Sicherheit ausschließen. Selbst ein so gut bewährter, bisher nie widerlegter und in die gesamte Naturwissenschaft eingebundener Satz wie der Energiesatz *könnte* sich eines Tages doch noch als falsch erweisen. Auch Behauptungen über Unmögliches stehen deshalb grundsätzlich unter dem Vorbehalt möglichen Irrtums.

Außerdem hat es im Laufe der Wissenschaftsgeschichte schon viele Behauptungen über vermeintlich Unmögliches gegeben, die sich später als falsch herausstellten. So hieß es, der Mensch könne in Höhen über 3000 Meter nicht leben (Cauchy), man werde die chemische Zusammensetzung der Sterne niemals herausfinden (Comte), Fluggeräte seien un-

54   *Die Grenzen der Biologie*

möglich (Siemens), Raketen könnten im luftleeren Raum nicht beschleunigen, organische Substanzen könnten nicht aus anorganischen synthetisiert werden (Vitalismus), und so weiter. Alle diese Behauptungen über angeblich Unmögliches, über vermeintliche Grenzen der Machbarkeit, haben sich als verfehlt erwiesen.

Diese Erfahrungen sollten zur Vorsicht mahnen. Was den Naturgesetzen widerspricht, dürfen wir zwar getrost als unmöglich ansehen; was aber im Rahmen der Naturgesetze möglich ist und was nicht, das ist schwer zu bestimmen. Wird man Menschen klonen können? Wird man ein Säugetier gänzlich außerhalb einer Plazenta wachsen lassen können? Wird man Lebewesen aus gänzlich unbelebter Materie synthetisieren können? Wird man das Erbgut des Menschen völlig entschlüsseln und nach Wunsch ändern können? Wird man Erbkrankheiten heilen, AIDS ausrotten, Krebs verhindern können? Es gibt keine Naturgesetze, die solche Möglichkeiten grundsätzlich ausschließen würden. Unser Wissen hat Grenzen, auch unser Wissen über die Zukunft unseres Wissens – und Könnens. Auf lange Sicht wird, wie das Wickler-Zitat bereits nahelegt, die entscheidende Frage allerdings nicht sein, was wir *können*, sondern was wir *dürfen*.

[...]

Können übersteigt Dürfen

Jahrtausendelang hat der Mensch nicht wesentlich mehr gekonnt, als er durfte. In den letzten Jahrhunderten hat sich die Naturwissenschaft vergleichsweise schnell, in unserem Jahrhundert sogar explosiv entwickelt. Mit dem Wissen stieg auch das Können; das Dürfen aber hat sich dabei nicht wesentlich verändert. So ist das Können weit über das Dürfen hinausgewachsen, und das ist eine *qualitativ neue Situation*.

Die Grenzen der Biologie 55

Jahrhundertelang erschien es ganz unbedenklich, wenn ein Forscher seinen Wissensdurst ungehemmt stillte. Die Reinheit der Wissenschaft bestand gerade darin, daß sie die Wahrheit über alles setzte und sich um Anwendungen möglichst wenig kümmerte. Solange keine Gefahren damit verbunden waren, durfte Wahrheit als höchstes Gut gelten. Warnende Bilder wie der biblische Baum der Erkenntnis, Goethes Zauberlehrling oder Shelleys Frankenstein durften noch ohne weiteres auf eine ferne Zukunft bezogen werden.

Das ist nun anders geworden. Das Wissen des Menschen hat ihm Möglichkeiten eröffnet, die weit über die Befriedigung unmittelbarer Bedürfnisse hinausgehen. Wir haben uns Mittel und Werkzeuge geschaffen, die zum Wohle, aber auch zum Wehe der Menschheit eingesetzt werden können. Wer nur der Wahrheit nacheifert, gilt als verantwortungslos. Die Wissenschaft stößt damit an *Grenzen*, die früher zwar bekannt, aber nicht spürbar waren. Was ist in dieser Situation zu tun?

Biologie liefert keine moralischen Normen

Falsch wäre es, alle Forschung verbieten zu wollen, deren Ergebnisse *möglicherweise* einmal mißbraucht werden könnten. Es läßt sich ganz klar und knapp sagen, was dabei von der Wissenschaft übrigbliebe: nichts. Auch Mathematik wird angewandt, und selbst die vermeintlich so unschuldigen Primzahlen finden in Codierungssystemen praktische und sogar militärische Verwendung.

Verfehlt wäre es aber auch, Werte und Normen in den Erfahrungswissenschaften selbst suchen oder aus ihnen ableiten zu wollen. Aus Fakten lassen sich Normen nicht gewinnen. Wer es gleichwohl versucht, begeht den sogenannten *naturalistischen Fehlschluß*. Allein aus der Tatsache, daß ein Verhalten sich in der Evolution herausgebildet und somit

56 Die Grenzen der Biologie

bewährt hat, folgt beispielsweise noch nicht, daß es *gut* oder *richtig* wäre. Das *Natürliche* ist nicht automatisch auch schon das *Richtige*.

Daß beschreibende Sätze allein nicht ausreichen, um normative Sätze zu liefern, ist auch von den Logikern gründlich untersucht und mit hinreichender Strenge gezeigt worden. Wie wir bereits betont haben, verdankt die Biologie, verdankt die Naturwissenschaft ihre Erfolge gerade ihrer Beschränkung auf Faktisches, dem Abgleich ihrer Fragen mit dem methodisch Erreichbaren. Als Erfahrungswissenschaft ist die Biologie für die Untersuchung oder gar Gewinnung von Normen nicht zuständig; diese liegen nicht in ihrem Aufgabenbereich und nicht in ihrer Kompetenz.

Selbst die Normen, denen Wissenschaftler in der *Forschung* gewöhnlich folgen, reichen für eine allgemein-ethische Orientierung nicht aus. Dieses »Ethos der Wissenschaft« hat zwar in mancher Hinsicht Vorbildcharakter – es verlangt Streben nach Wahrheit, Objektivität, Genauigkeit, symmetrisches Argumentieren, Kritisierbarkeit, Internationalität –; es ist jedoch nur ein *Teilethos*, das für die Regelung persönlicher und politischer Beziehungen nicht ausreicht. Das ist auch gar kein Wunder: Der oberste Wert des wissenschaftlichen Ethos ist Erkenntnisgewinn; dafür ist es geeignet, hier ist es erfolgreich. Andere Werte wie Gerechtigkeit, Freiheit oder gar Liebe spielen dagegen für das wissenschaftliche Ethos keine bestimmende Rolle.

Normen lassen sich also weder aus dem *Wissen* noch aus dem *Verhalten* des Naturwissenschaftlers gewinnen. Bei dieser Feststellung, die ja *Grenzen der Biologie* markiert, wollen wir jedoch nicht stehenbleiben.

Der Mensch als Gemeinschaftswesen ist auf soziale Normen unabdingbar angewiesen. Woher kann, woher soll er sie nehmen? Soll er sie sich von anderen vorschreiben lassen? Soll er auf den Pfarrer, den Philosophen, den Juristen, den Politiker hören? Kann denn ein Außenstehender dem Gentechniker besser sagen, was er zu tun und zu lassen hat?

Die Grenzen der Biologie 57

Dieser Weg ist zwar manchmal bequem, aber nicht unbedingt ratsam. Die Parole der Aufklärung heißt *Selbstdenken*. Es ist immer gut, sich die Argumente anderer anzuhören; *entscheiden* muß jeder für sich. Zu einer verantwortungsvollen Entscheidung gehören dabei sowohl Faktenwissen als auch Orientierungsmaßstäbe. Woher kommen sie, und wie wirken beide zusammen?

Fakten und Normen

Aus Fakten *allein* folgen, wie wir wissen, keine Normen; deshalb kann der Biologe bei der Gewinnung von Handlungsanweisungen nicht mit Biologie allein auskommen. *Ohne* Faktenwissen geht es aber auch nicht; daher wirken Normierungsversuche von »rein« philosophischer Seite oft so sachfremd, so allgemein, so abstrakt.

Was wir brauchen, sind zunächst eine oder mehrere *Grundnormen*. Sie werden ihrerseits nicht mehr begründet; eine Letztbegründung (von Normen) ist ebensowenig möglich wie eine letzte Erklärung (von Fakten). Wir können aber hoffen, mit solchen Grundnormen auf möglichst breite Zustimmung zu stoßen. Diese Zustimmung kann nicht argumentativ erzwungen, sie kann nur festgestellt werden. Aus diesen Grundnormen werden dann unter *Hinzunahme von Faktenwissen* weitere Normen abgeleitet.

Ein Beispiel mag dies verdeutlichen. Angenommen, wir hätten uns darauf geeinigt, die Norm »Wir sollten dafür sorgen, daß es künftigen Generationen nicht schlechter geht als uns!« als Grundnorm zu akzeptieren. (Auch darüber kann man streiten; aber irgendwo müssen wir schließlich anfangen.) Diese Norm allein schreibt noch keine bestimmte Handlung vor. Nun kann *Faktenwissen* uns darüber belehren, daß die Weltbevölkerung wächst und daß bei wachsender Weltbevölkerung die Lebensbedingungen sich verschlechtern werden. (Diese These mag umstritten sein; hier

58   Die Grenzen der Biologie

geht es jedoch nicht um die *Richtigkeit* von Tatsachenbehauptungen, sondern um ihre *Rolle* bei der Normengewinnung.) Dann kann man aus unserer Grundnorm in *Verbindung* mit Tatsachenwissen die Norm ableiten, daß wir uns nicht weiter vermehren sollten.

In Verbindung mit weiterem Wissen über die Möglichkeiten der Geburtenkontrolle (insbesondere über Empfängnisverhütung) können dann auch weitere – und konkretere – Normen (Gebote, Verbote, Erlaubnisse) gewonnen werden.

Beide – Grundnormen wie Fakten – sind dabei für die Gewinnung von Normen unverzichtbar. Das Zusammenwirken von Fakten und Normen sollte man also nicht additiv sehen, so als ob jeder »Summand« schon für sich etwas böte. Ihre Beziehung ist eher *multiplikativ* zu deuten: Ist einer der beiden »Faktoren« Null, so ist auch das »Produkt« Null – man hat dann *nichts*. Nur wenn beide in geeigneter Weise verknüpft werden, kann das Ergebnis »positiv« sein. Natürlich gibt es noch andere Möglichkeiten, zwei Größen konstruktiv miteinander zu verknüpfen, etwa die Multiplikation zweier Matrizen oder die Kreuzung zweier Lebewesen. Die Multiplikation ist jedoch das einfachste Modell für die Art und Weise, wie Fakten und Normen zusammenwirken und *aufeinander angewiesen* sind.

Auf diese Weise wird hoffentlich deutlich, worin nun eigentlich der Beitrag des Naturwissenschaftlers zur Normenbegründung besteht: Er liefert das Wissen, mit dessen Hilfe aus Grundnormen weitere Normen gewonnen werden. Sowohl dieses Wissen als auch jene Grundnormen sind dabei *unverzichtbar*. Und erst die Einsicht in die *Grenzen* der Biologie erlaubt es, diese ihre tragende Rolle auch für ethisch-moralische Fragen im richtigen Lichte zu sehen.

Der Evolutionsbegriff als Mittel zur Synthese
Leistung und Grenzen

Wenn sich heute – trotz aller Spezialisierung – die Möglichkeit abzeichnet, die vielen verschiedenen Aspekte der materiellen Welt in einem großen Zusammenhang zu sehen, vielleicht sogar zu einem einheitlichen Weltbild zurückzufinden, so ist dafür die Tatsache verantwortlich, daß sich bei allen realen Systemen sinnvoll nach ihrer Entstehung und nach ihrer vergangenen, gegenwärtigen und zukünftigen Entwicklung fragen läßt. Der zentrale Begriff einer solchen Zusammenschau ist also der Begriff der Evolution.

Die Idee der Evolution entstammt vornehmlich dem 18. Jahrhundert; ausgearbeitet wurde sie zunächst unabhängig für das Planetensystem (Kant, Laplace), für den Sprachwandel (Bopp, Grimm), für die Geologie (Lyell), für die Abstammungslehre (Lamarck, Darwin), später auch für die Sternentwicklung (Astrophysik), sogar für die Welt als Ganzes (Kosmologie).

Inzwischen ließ sich diese Betrachtungsweise zu einer nahezu durchgehenden Kette schließen. Die erste ausgearbeitete Theorie für eine bestimmte Stufe der universellen Evolution, nämlich für die Evolution der Lebewesen, war die Darwinsche Evolutionstheorie. Sie ließ sich »nach unten« und »nach oben« erheblich erweitern; aber eine universelle Evolutionstheorie ist sie doch nicht. Universell anwendbar ist also zwar der Evolutionsbegriff, nicht jedoch die verfügbare Evolutionstheorie. Es ist deshalb wichtig, neben den Leistungen beider auch ihre Grenzen zu kennen. Sie zeigen sich unter anderem in der Notwendigkeit, nicht-Darwinsche Evolutionsfaktoren einzubeziehen. Dies zu verdeutlichen, ist das Ziel der folgenden Überlegungen.

Dabei geht es vor allem um fachlich-inhaltliche Gesichtspunkte. Eine Betrachtung der Evolutionstheorie unter wis-

60 *Der Evolutionsbegriff als Mittel zur Synthese*

senschaftstheoretischen *Aspekten bietet dann das nachfolgende Kapitel.*
Die Arbeit entstand zunächst in englisch anläßlich einer Tagung zur Einheit der Wissenschaft und wurde später vom Autor ins Deutsche übersetzt.

1. *Die Explosion des Wissens*
   und die Suche nach einer Synthese

Regelmäßig stößt man auf Berichte über das explosionsartige Wachstum der Wissenschaft. Da heißt es, etwa neunzig Prozent aller Wissenschaftler, die es je gab, lebten jetzt. Es heißt, seit 1950 seien mehr wissenschaftliche Arbeiten erschienen als in allen vergangenen Jahrhunderten zusammen.[1] Ob diese Zahlen tatsächlich korrekt sind oder auch leicht übertrieben, soll uns hier nicht kümmern. Es ist sicher wahr, daß niemand mehr alle bekannten Tatsachen erfahren oder im Kopf behalten kann und daß erst recht niemand mehr zu allen wissenschaftlichen Disziplinen originelle Beiträge liefern kann. Der deutsche Philosoph und Wissenschaftler Gottfried Wilhelm Leibniz (1646–1716) mag der letzte Universalgelehrte gewesen sein, der nicht nur das Wissen seiner Zeit *beherrschte*, sondern durch seine richtungweisenden Ideen sogar die meisten wissenschaftlichen Disziplinen in bewundernswerter Weise *bereicherte*.
Sicher wäre es erhellend, die Zunahme des verfügbaren Wissens quantitativ zu verfolgen. Wahrscheinlich folgt sie einer Kurve exponentiellen oder sogar hyperbolischen Wachstums. Es wäre auch verlockend, diesen Trend in die Zukunft zu verfolgen und zu fragen, wie lange er noch anhalten könnte oder werde, ob und wann er abklingen wird und warum. Es gibt ja faszinierende Spekulationen über die Zukunft der Wissenschaft und des wissenschaftlichen Wissens. Einige sind optimistisch, andere nicht.[2] Wir könnten sogar eine gewisse Befriedigung oder wenigstens einigen Trost

Der Evolutionsbegriff als Mittel zur Synthese 61

aus der Tatsache ziehen, daß *niemand* die gesamte verfügbare Information sammeln und beherrschen kann, zeigt doch auch dies, wie unvollkommen wir eigentlich sind.

Die Anhäufung des Wissens könnte aber auch ganz andere Interessen wecken. Trotz des ungeheuren Umfangs und der großen Komplexität wissenschaftlicher Ergebnisse möchte man doch auch auf eine befriedigende Klassifikation hoffen, auf ein Ordnungsprinzip, auf eine tiefere Struktur, ein integratives Werkzeug, einen *synthetischen* Gesichtspunkt. Und es ist äußerst befriedigend, daß wir solche umfassenden Begriffe tatsächlich finden können. Einer von ihnen ist der Begriff der *Evolution*.

2. *Die evolutionäre Frage*

Bei jedem realen Ding kann man sinnvollerweise fragen, wie es entstand, wie es sich verändert und wie es wohl enden wird. Tatsächlich hat jedes reale Objekt eine Geschichte – einen Ursprung, eine Folge von Zuständen und ein Ende. *Jedes reale System entwickelt sich.* Auch wenn sie in einigen Fällen (noch) keine *Antwort* finden mag, so ist die »evolutionäre *Frage*« doch immer legitim.

Auf den ersten Blick könnte man hier Zweifel hegen. Man könnte ja durchaus der Meinung sein, es gebe wenigstens einige Dinge, die keinem Wandel unterworfen sind, die keinen Ursprung und auch kein denkbares Ende haben. Wir wollen drei Beispiele diskutieren.

Für das unbewaffnete Auge scheinen die »Fix«-Sterne dauerhafte, unveränderliche, permanente Objekte zu sein. Aber die Astrophysik hat uns gelehrt, daß Sterne sich entwickeln, daß ein Stern »geboren« wird, für einige Zeit in einem stationären (nicht statischen!) Zustand bleibt und schließlich aus Energiemangel »stirbt«, indem er explodiert und als Weißer Zwerg, als Neutronenstern oder als Schwarzes Loch endet. Tatsächlich sind die astrophysikalischen Vorgänge so

62   *Der Evolutionsbegriff als Mittel zur Synthese*

gewaltig, daß es durchaus angemessen ist, unsere Wohnstatt »ein gewalttätiges Universum« (Nigel Calder) zu nennen.
Wie aber steht es mit der »Substanz« der Sterne und des Universums, mit der *Materie*, mit den *chemischen Elementen*? Wie steht es mit Atomen, Elementarteilchen, Quarks? Sind nicht wenigstens sie stabil, permanent, ewig? Keineswegs. Wir wissen heute, daß und wie in den Sternen chemische Elemente aus Wasserstoff gebildet werden und daß selbst Wasserstoff ein *Produkt* kosmischer Prozesse ist.
Aber ist nicht wenigstens das Universum selbst ewig und unvergänglich? Nein, auch das Universum ist veränderlich, instabil, vergänglich. Nicht nur ist es in einer riesigen Explosion, dem berühmten Urknall, entstanden; es befindet sich immer noch in Expansion, in Evolution. Seine Zukunft ist noch unsicher; aber mit Sicherheit wird es niemals in einem ruhigen Zustand verharren, sondern wird *entweder* kollabieren und verschwinden *oder* ewig expandieren, wobei es mehr und mehr ausdünnt.[3] Es gibt also in der realen Welt keine Ausnahme zu Heraklits hellseherischer Feststellung »πάντα ῥεῖ, alles fließt«.
Bei Heraklit war das allerdings nur eine Vermutung. Er konnte sie nicht beweisen. Zu seiner Zeit konnten andere Denker genau das Gegenteil behaupten. Für Parmenides zum Beispiel ist aller Wandel reine Täuschung. Die Welt, das Sein, das Eine ist unveränderlich, ewig, unvergänglich. Und erst seit kurzem steht unser wissenschaftliches Weltbild endgültig auf der Seite von Heraklit und nicht länger auf der von Parmenides. Das ist das Verdienst evolutionären Denkens.

3. Evolution als Werkzeug zur Beschreibung

Die evolutionäre Frage kann auf einer *deskriptiven* Ebene gestellt werden: Was sind die möglichen Zustände des fraglichen Systems? In welcher Weise folgen sie aufeinander?

Der Evolutionsbegriff als Mittel zur Synthese 63

Was sind die Anfangs- und Endzustände? Und wie wirken sich Änderungen im Anfangszustand auf die späteren Stadien aus? Auf diesem Niveau ist die evolutionäre Betrachtung rein *kinematisch*. Die leitende Frage ist »wie?«, nicht »warum?«. Wie wir gesehen haben, ist diese Frage völlig legitim. Mehr noch, sie ist anregend, heuristisch fruchtbar und methodologisch zulässig.

Evolution in diesem kinematischen Sinne ist durchgehend und allumfassend, wahrhaft universell. Wie Julian Huxley betont, ist es möglich, ja unerläßlich, die ganze Realität »sub specie evolutionis« zu betrachten, dieses ganze Universum als einen einzigen, einmaligen evolutionären Prozeß anzusehen. Evolution verbindet und vereint *alle realen Systeme* und deshalb auch *alle faktischen Wissenschaften*. Sie ist ein wahrhaft *synthetischer* Gesichtspunkt.

Das gilt in mehrfacher Hinsicht. Da ist zunächst einmal der *historische Aspekt*. Tatsächlich hat erst die Evolutionstheorie der *Biologie* Struktur und Profil einer selbständigen Wissenschaft verliehen. Wenn es wahr ist, daß Newton die neuzeitliche Physik 1666 begründet und daß Lavoisier die Chemie 1789 zu einer Wissenschaft gemacht hat, dann war es Darwin, der der Biologie 1859 den Status einer Wissenschaft verliehen hat. So ist es durchaus angemessen, wenn Darwins Zeitgenosse und Kollege Alfred Russel Wallace ihn »den Newton der Biologie« nennt. (Allerdings darf man bei einer derartigen Zuweisung auch Männer wie Gregor Mendel, James Watson, Francis Crick und Manfred Eigen nicht vergessen.) In einer Rede zu Ehren des hundertsten Geburtstages von Darwin behauptet der große Zoologe August Weismann sogar, vor Darwin habe es noch gar keine Biologie gegeben, weil die verschiedenen biologischen Disziplinen – Zoologie, Botanik, Anthropologie – bis dahin nur Ansammlungen unzusammenhängender Fakten, unverknüpfte Disziplinen, Wissenschaftszweige ohne innere Verbindung gewesen seien.[4] Diese innere Verbindung wird erst durch die Evolutionstheorie hergestellt.

	galaktische und stellare Evolution ⟶↑	chemische Evolution ⟶↑	molekulare Evolution ↑
kosmische Evolution ⟶↑			
Universum Raumzeit	Galaxien, Sterne, Planeten, Elemente	Moleküle, Atmosphäre, »Ursuppe«	replikative Strukturen (RNA, DNA)

Abb. 1. Stufen der universellen Evolution

Ähnliche Überlegungen gelten auch für andere Wissenschaften. Viele Züge realer Systeme lassen sich nur als Ergebnisse einer Evolution, also *historisch* verstehen. Typische Beispiele finden sich in Astronomie, Geologie, Paläontologie, Etymologie und Linguistik, Archäologie und in vielen weiteren Disziplinen.[5]

Da gibt es ferner den *systematischen Aspekt*. Zunächst waren evolutionäre Ideen in verschiedenen Disziplinen und ganz unabhängig voneinander fruchtbar geworden.[6] Als Kant und Laplace erfolgreich versuchten, Newtons Gravitationstheorie anzuwenden, um nicht nur die Stabilität, sondern auch den Ursprung unseres Planetensystems zu erklären, da hatte das auf den ersten Blick wenig oder gar nichts zu tun mit den Ideen von Bopp, Rask oder den Gebrüdern Grimm, die vermuteten, die erstaunlichen *Ähnlichkeiten* zwischen verschiedenen indoeuropäischen Sprachen

biologische Evolution	psychosoziale Evolution	kulturelle Evolution	wissenschaftliche Evolution
Organismen: Einzeller, Pflanzen, Tiere und Menschen	Tierpopulationen (Soziobiologie)	Menschen, Sprachen, Religionen, Institutionen	Theorien, Modelle, Wissenschaften

seien ihrer *genealogischen Verwandtschaft* und vielleicht sogar einem *gemeinsamen Ursprung* zu verdanken. Interpretiert man das Hertzsprung-Russell-Diagramm, das wichtige Informationen über verschiedene Sternarten wiedergibt, kinematisch so, daß es verschiedene Stadien astrophysikalischer Evolution spiegelt, dann erscheint dieser Schritt zunächst ohne jede Beziehung zu der Tatsache, daß die wohlbekannten Ähnlichkeiten zwischen verschiedenen Organismen durch ihre Abstammung von einem gemeinsamen Urahnen erklärt werden können.

Der Evolutionsbegriff erlaubt jedoch nicht nur, *Analogien* zu ziehen (z. B. zwischen den Genealogien von Sprachen und Organismen), sondern er stellt alle evolutionären Aspekte in einen einheitlichen Kontext, in die Perspektive der *universellen Evolution.* Indem er allen evolutionären »Segmenten« ihren Platz in einer langen Kette kosmischer

66   *Der Evolutionsbegriff als Mittel zur Synthese*

Prozesse, in einer wahren »Naturgeschichte« gibt, beweist der Evolutionsbegriff erneut seine synthetische Wirkung. Abbildung 1 zeigt die wichtigsten Stufen dieser kosmischen Evolution. Mit Leichtigkeit könnte man noch mehr Ebenen unterscheiden. Es geht uns jedoch vornehmlich um den Nachweis, daß die Idee der Evolution nicht nur integrativ, sondern auch universell anwendbar ist.

Die Evolutionsidee erlaubt es nun nicht nur, eine Folge evolutionärer Prozesse zu bilden; sie ermöglicht es auch, die *Lücken* darin ausfindig zu machen. Obwohl die Evolution im wesentlichen kontinuierlich ist, gibt es doch zahlreiche Lücken in unserem *Wissen über* die Evolution. So sind die Übergänge zwischen den ersten Stufen der molekularen Evolution (wie sie heute postuliert oder sogar im Labor nachgeahmt werden) und den primitivsten heute auffindbaren Organismen bisher fast völlig unbekannt. Ganz ähnlich ist unser Wissen über die Evolution des Menschen noch sehr lückenhaft. So ist die Idee der universellen Evolution hilfreich bei der Ordnung sowohl unseres Wissens als auch unseres Unwissens. Evolution in diesem kinematischen Sinne kann heute, auch wenn sie nicht direkt beobachtbar ist, als wohlfundierte Tatsache gelten.

4. *Evolution als Werkzeug zur Erklärung*

Aber wir wollen mehr. Wir sind interessiert an der *Dynamik* von Systemen. Unser Problem ist nicht nur, *wie*, sondern *warum* Dinge sich ändern. Wir suchen nach Ursachen, Kräften, Determinanten, Faktoren, Motiven, Gründen. Was wir anstreben, sind nicht nur Beschreibungen, sondern *Erklärungen*. Karl Popper behauptet sogar, Erklärungen bildeten *das* Ziel der Wissenschaft.[7] Ob diese Charakterisierung zutreffend ist, kann hier offenbleiben. Daß Erklärungen zu den Zielen der Wissenschaft gehören, darf wohl als akzeptiert gelten.

Die Unterscheidung zwischen Beschreibungen und Erklärungen ist allerdings nicht absolut, sondern nur relativ. Was auf dem einen theoretischen Niveau als Erklärung gilt, kann von einem höheren Niveau aus als »bloße« Beschreibung angesehen werden. Wir beschreiben – oder erklären – den Fall eines Körpers durch Galileis Fallgesetze. Diese aber lassen sich ableiten und *erklären* durch Newtons Bewegungsgleichungen und das Gravitationsgesetz. Aus der Perspektive der letzteren sind Galileis Gesetze rein deskriptiv. Aber sogar Newtons Gesetze können durch Einsteins Feldgleichungen erklärt werden, wodurch sogar sie zu reinen Beschreibungen »herabgestuft« werden. Dasselbe könnte auch mit Einsteins Theorie geschehen im Hinblick auf ein noch »tieferes« Niveau, zum Beispiel durch eine einheitliche Theorie aller physikalischen Wechselwirkungen.

So gibt es auch verschiedene Ebenen der Evolutionstheorie. Die (deskriptive) Ähnlichkeit zwischen verschiedenen Tierarten kann durch ihre phylogenetische Verwandtschaft, also durch ihre Abstammung von einem gemeinsamen Vorfahren, *erklärt* werden.

Aber auch Stammbäume werden zu bloßen *Beschreibungen*, wenn man sie aus der tieferen Sicht einer kausalen Evolutionstheorie betrachtet, welche die für evolutionären Wandel verantwortlichen *Kräfte* ausfindig zu machen sucht. Im *evolutionären* Kontext sind deshalb Erklärungen in der Regel *kausale* Erklärungen, die das zeitabhängige Verhalten biologischer Systeme erklären.

Bei der Suche nach solchen kausalen Erklärungen für kosmische Prozesse waren wir teilweise erfolgreich. Wir kennen einige der Kräfte, die unser Universum beherrschen. Wir sind recht vertraut mit den Kausalgesetzen der Sternevolution, einschließlich des Ursprungs und der Evolution unserer chemischen Elemente. Weniger genau kennen wir die Gesetze der Evolution von Galaxien und Planeten. Wir haben einige Vorstellungen über die Evolution unserer At-

68   *Der Evolutionsbegriff als Mittel zur Synthese*

mosphäre, die Oberfläche unseres Planeten und die Entstehung der ersten biologisch wichtigen Moleküle.

Der eindrucksvollste Teil unseres evolutionären Weltbildes ist jedoch die *Theorie der biologischen Evolution*. Und gewiß stellt Darwins Theorie der *natürlichen Auslese* den größten Fortschritt in unserem Verständnis der Lebensprozesse dar. Sie erlaubt nicht nur, alle Disziplinen der Biologie zu vereinen und zu einem zusammenhängenden Gebäude wechselseitig relevanter Fakten zu integrieren; sie erlaubt und gibt auch *Erklärungen*.

5. *Die Theorie der biologischen Evolution*

Wie jeder weiß, können Lebewesen sich fortpflanzen. Sie machen sozusagen Kopien von sich selbst. Allerdings erfolgt dieser Reproduktions- oder Kopiervorgang nicht immer mit vollkommener Genauigkeit. Es kommt zu Kopierfehlern, die Darwin *Variationen* nannte und die von seinen Nachfolgern auf genetische *Mutationen* zurückgeführt wurden. Durch diesen unvollkommenen Kopiervorgang finden Verschiedenheit und Vielfalt Eingang in organismische Populationen. Unterschiedliche Merkmale bieten jedoch auch unterschiedliche Chancen im »Kampf ums Dasein«; sie führen zu unterschiedlicher *Fitness*. Diese Verschiedenheit, eine unvermeidliche Folge der genetischen Veränderungen, führt dann zu *differentieller Reproduktion*. Obwohl dabei Zufallsereignisse eine konstitutive Rolle spielen können, ist diese differentielle Reproduktion kein zufälliger, sondern ein im wesentlichen deterministischer Prozeß. Dieser Vorgang heißt auch *natürliche Auslese*. Selektion ist somit nicht eine zusätzliche oder unabhängige Kraft, sondern das Ergebnis der unablässigen Wechselwirkung zwischen Organismus und Umwelt.

Die Evolutionstheorie weist mehrere charakteristische Züge auf[8], von denen hier einige genannt seien:

Der Evolutionsbegriff als Mittel zur Synthese 69

– Alle Lebewesen, sogar solche innerhalb ein und derselben Art, *unterscheiden* sich voneinander. Außerdem entstehen laufend neue Variationen. (Prinzip der *Variation* durch Mutation und Rekombination.)

– Diese Variationen sind, zum Teil jedenfalls, *erblich*, werden also genetisch an die nächste Generation weitergegeben. (Prinzip der *Vererbung*, deren Mechanismen Darwin noch nicht bekannt waren.)

– Alle Lebewesen erzeugen mehr Nachkommen, als jemals zur Reproduktionsreife kommen können. (Darwins Prinzip der *Überproduktion*.)

– Im Durchschnitt weisen die Überlebenden solche erblichen Variationen auf, die ihre Anpassung an die lokale Umgebung erhöhen. (Überleben des *Tauglichsten* oder Prinzip der *natürlichen Auslese*.)

– Deshalb sind Arten nicht unveränderlich. (Prinzip der *Evolution* oder, in Darwins Ausdrücken, der *Transmutation* oder der *Vererbung mit Modifikation* – »descent with modification« – im Gegensatz etwa zum Kreationismus.)

– Variationen erfolgen in vergleichsweise *kleinen* Stufen, gemessen am gesamten Informationsgehalt oder an der Komplexität des Organismus.

– Deshalb sind phylogenetische Veränderungen *graduell* und relativ langsam. (*Gradualismus* im Gegensatz zu großen Entwicklungssprüngen – Saltationismus – oder zu Cuviers Katastrophentheorie.)

– Die Erbinformation muß in *diskreten* (»atomaren«) Einheiten übertragen werden. (Keine kontinuierliche Verschmelzung von Erbmerkmalen, wie Darwin irrtümlich vermutete.)

– Variationen sind *zufällig*, nicht vorzugsweise auf günstige Anpassungen ausgerichtet.

– Der Weg der Evolution ist nicht vorprogrammiert, nicht zielgerichtet, nicht determiniert, nicht voraussagbar.

– *Funktionelle (zweckmäßige) Merkmale* sind Ergebnisse

70   *Der Evolutionsbegriff als Mittel zur Synthese*

der natürlichen Auslese, nicht einer teleologischen, zielsetzenden Instanz. (Diese Feststellung richtet sich gegen
das »Zweckmäßigkeitsargument« – »argument from
design« –, das die Existenz und die Aktivität eines übernatürlichen Schöpfers postuliert, ein Argument, das insbesondere Darwins theologischer Gewährsmann William
Paley vorgebracht hatte.)

- In der Natur operiert kein höheres Prinzip. Darwins
  Theorie ist ein ausgesprochen *naturalistischer* Ansatz, die
  Lebenserscheinungen zu verstehen.
- Die biologische Evolution hat zu mehr und mehr *Kom-
  plexität* geführt. Und doch:
- Evolution ist *nicht gleichbedeutend mit Fortschritt*. Ob
  ein Zuwachs an Komplexität fortschrittlich genannt wer-
  den soll, ist eine Frage der Verabredung.

Das Prinzip der natürlichen Auslese hat sich als äußerst
weitreichend erwiesen, zunächst im Hinblick auf die zentra-
len Fragen der Evolution, aber auch in anderen Bereichen.
Zum ersten Male formuliert wurde es durch Charles Darwin im Jahre 1838. In seiner Autobiographie schreibt er:

»Im Oktober 1838 [. . .] las ich zufällig zur Unterhaltung
Malthus' Buch über das Bevölkerungsproblem, und da
ich hinreichend darauf vorbereitet war, den überall statt-
findenden Kampf um die Existenz zu würdigen, nament-
lich durch lange fortgesetzte Beobachtung der Lebens-
weise von Tieren und Pflanzen, kam mir sofort der Ge-
danke, daß unter solchen Umständen günstige Abände-
rungen dazu neigen, erhalten zu werden, und ungünstige,
zerstört zu werden. Das Resultat hiervon würde die Bildung neuer Arten sein. Hier hatte ich nun endlich eine
Theorie, mit der ich arbeiten konnte.«[9]

Trotzdem brauchte Darwin noch einundzwanzig Jahre, um
seine Theorie zu veröffentlichen.[10] Seit über hundert Jahren
also ist das Prinzip der natürlichen Auslese wissenschaftlich

Der Evolutionsbegriff als Mittel zur Synthese 71

bekannt, wird es diskutiert, kritisiert und geprüft. Über diese ganze Zeit hinweg wurde es auf mehr und mehr Systeme angewandt. Tatsächlich ist es keine Übertreibung, wenn ein Band zu Ehren von Darwins hundertstem Todestag den Titel trägt: »Evolution vom Molekül zum Menschen«[11].

Darwin selbst hatte sich zunächst vorgenommen, den Ursprung von *Arten* zu behandeln. (Hierzu vergleiche man den Titel seines Hauptwerkes: *Über die Entstehung der Arten durch natürliche Zuchtwahl oder die Erhaltung der begünstigten Rassen im Kampfe ums Dasein.*) Arten sind natürliche Klassen von Lebewesen. Die Lebewesen, die Darwin im Sinne hatte, waren Pflanzen und Tiere. Es zeigte sich jedoch, daß seine Prinzipien auf weitaus mehr Systeme anwendbar waren. Diese Ausweitung erfolgte in beide Richtungen, nach »unten« und nach »oben«, und zwar sowohl im Hinblick auf Zeit als auch auf Komplexität. Das soll in den nächsten Abschnitten verdeutlicht werden.

6. *Erweiterungen der Evolutionstheorie »nach unten«*

Auf dem Wege nach unten finden wir zunächst die Welt der *Mikroorganismen*. Bis 1950, also über ein ganzes Jahrhundert nach Darwin, waren unsere paläontologischen Funde von Makrofossilien geprägt. Sie stammen aus den letzten sechshundert Millionen Jahren der Evolution. Obwohl auch das in einem gewissen Sinne eine recht lange Zeit ist, erstreckt sie sich doch nur auf etwa fünfzehn Prozent des Erdalters, also auch, wie wir jetzt wissen, der biologischen Evolution. Die Entdeckung und Erforschung von Mikrofossilien in den letzten Jahrzehnten hat deshalb unsere evolutionäre Perspektive wesentlich erweitert. Wir haben jetzt Zugang zum »Zeitalter« der Mikroorganismen, das drei Milliarden Jahre andauerte und im wesentlichen, wenn nicht ausschließlich, von Bakterien beherrscht und geprägt war.

72 Der Evolutionsbegriff als Mittel zur Synthese

Auch haben wir einige Vorstellungen über die *Evolution der Bakterien* entwickelt.[12] Diese Information ist allerdings nicht aus bakteriellen *Phänotypen* gewonnen, nicht aus einer Klassifikation nach Gestalt, biochemischen Prozessen oder Zellorganisation. Hier werden phylogenetische Verwandtschaften identifiziert und sogar gemessen, indem man Genotypen analysiert und vergleicht. Dank moderner Sequenzierungsmethoden können Makromoleküle und sogar Gene als *Chronometer für die Evolution* benützt werden. Diese Methoden führten zu recht unerwarteten Ergebnissen, unter anderem zur Entdeckung der *Archäbakterien*, die man heute als eine der ältesten Familien von Lebewesen ansieht.[13] Auch auf diesem völlig neuen Gebiet hat sich die Idee der Evolution als konstitutiv und absolut unentbehrlich erwiesen.

Der nächste Schritt nach unten im Hinblick auf Zeit und Größe ist die Idee eines *gemeinsamen Vorfahren*. Wenn die Komplexität in der Evolution zugenommen hat, dann muß sie *abnehmen*, wenn wir in der Zeit zurückgehen. Diese Behauptung läßt sich an jedem Stammbaum belegen. Solche Stammbäume zeigen jedoch noch ein weiteres charakteristisches Merkmal: Die Zahl der Arten und anderer taxonomischer Kategorien nimmt, jedenfalls im Durchschnitt, in der Zeit zu, also wieder ab, wenn wir in der Zeit rückwärts gehen. Es ist ja gerade diese Tatsache, die phylogenetischen Anordnungen ihr baumartiges Aussehen verleiht. Diese Beobachtung führt ganz natürlich zu der Frage, wie ein solcher Baum enden – oder vielmehr beginnen – könnte. Wie viele Arten würden am Anfang des Lebens stehen? Darwin selbst war sich dieser Frage wohl bewußt, allerdings bei ihrer Beantwortung noch recht zurückhaltend:

>»Ich kann nicht daran zweifeln, daß die Theorie der Vererbung mit Modifikation alle Glieder derselben großen Klasse oder desselben großen Reiches umfaßt. Ich glaube, daß die Tiere von höchstens vier oder fünf Vorfahren ab-

Der Evolutionsbegriff als Mittel zur Synthese   73

stammen, die Pflanzen von derselben oder einer noch kleineren Anzahl.

Die Analogie würde mich noch einen Schritt weiter führen, nämlich zu der Annahme, daß alle Tiere und Pflanzen von einer einzigen Urform abstammen. Aber die Analogie ist als Führerin unzuverlässig.«[14]

Heute sind wir recht überzeugt davon, daß alle Organismen einen gemeinsamen Vorfahren gehabt haben müssen. Wir kennen nämlich inzwischen viel mehr Merkmale, die allen Organismen gemeinsam sind, als Darwin, wie z. B. den (nahezu) universellen Charakter des genetischen Codes. Solche gemeinsamen Merkmale lassen sich am leichtesten über die Annahme eines gemeinsamen Urahns erklären.

7. Weitere Schritte nach unten: Ursprung des Lebens und molekulare Evolution

Auch so bleibt die Frage noch offen, wie dieser einzige Urahn ausgesehen haben könnte. Diese Frage fällt zusammen mit dem nächsten Schritt auf unserem Wege nach unten, mit der Frage nach der *Entstehung des Lebens*. Darüber veröffentlichte Darwin keine bestimmte Meinung. Trotzdem können wir in seinen diesbezüglichen Andeutungen eine gewisse Entwicklung feststellen. In einem Brief an Joseph Hooker meint Darwin noch 1863, es sei einfach Unsinn, über den Ursprung des Lebens nachzudenken. 1871 erklärt er die Frage, wie das Leben entstand, für *hoffnungslos*, sieht in ihr jedoch durchaus ein Problem für die ferne Zukunft. Und doch erlaubt er sich noch im selben Jahr eine Spekulation über den Ursprung des Lebens und über die Frage, warum in jüngerer Zeit keine *Neu*entstehung von Lebewesen beoachtet wird.

74 Der Evolutionsbegriff als Mittel zur Synthese

»Es wird oft behauptet, alle die Bedingungen für die Neuentstehung eines lebenden Organismus, die jemals geherrscht haben könnten, seien auch jetzt noch erfüllt. Wenn wir uns aber (und oh, was für ein ungeheures Wenn) vorstellen könnten, daß sich in einem warmen kleinen Tümpel, in dem alle Arten von Ammonium- und Phosphorsalzen, Licht, Wärme, Elektrizität usw. vorhanden waren, ein Eiweißstoff auf chemischem Wege gebildet haben könnte, der zu weiteren komplizierteren Umwandlungen fähig gewesen wäre, so würde doch heutzutage ein solcher Stoff augenblicklich gefressen oder anderweitig absorbiert, was vor der Entstehung lebender Wesen nicht der Fall gewesen wäre.«[15]

Dieses Argument ist völlig korrekt. Denn selbst wenn wir eines Tages herausfinden sollten, daß unter den Bedingungen der Urerde die Entstehung lebender Systeme eine *notwendige* und unvermeidliche Konsequenz physikalisch-chemischer Gesetze war, so würde diese Einsicht doch nicht bedeuten, daß Leben auch unter den gegenwärtigen Bedingungen entstehen müßte oder könnte. Das Leben selbst hat die Bedingungen auf der Erde so drastisch verändert, daß es für eine neue Genesis keine Chance gibt. Die bemerkenswerteste Veränderung, die den Organismen zu verdanken ist, ist die Tatsache, daß sie die reduzierende Atmosphäre der Erde durch eine oxydierende ersetzt haben. So verhindert das Leben selbst das Auftreten radikal neuer Lebensformen. Deshalb erklärt die Evolutionstheorie, erklärt auch *Der Ursprung der Arten* nicht den Ursprung des Lebens, sondern nur die Entstehung lebender Systeme *aus lebenden Systemen*, die Umwandlung bestehender Arten in neue, die Prozesse, bei denen Lebendiges *aus Lebendigem* entsteht, *vivum ex vivo*, Organismen aus Organismen.

Natürlich war sich Darwin darüber völlig im klaren. 1881, ein Jahr vor seinem Tode, schrieb er an Nathaniel Wallich:

Der Evolutionsbegriff als Mittel zur Synthese   75

»Sie haben meine Ansichten durchaus korrekt dargestellt, als Sie sagten, ich hätte die Frage nach dem Ursprung des Lebens absichtlich nicht erörtert, da sie beim gegenwärtigen Stand unseres Wissens völlig außerhalb unserer Möglichkeiten liegt, und ich hätte mich nur mit der Abfolge der Generationen befaßt. Ich habe keinen auch nur entfernt vertrauenswürdigen Hinweis gefunden, der für die sogenannte Urzeugung spräche. Ich glaube, ich habe irgendwo gesagt (kann aber die Stelle nicht finden), daß sich das Prinzip des Lebens später einmal als Teil oder Konsequenz eines allgemeinen Gesetzes erweisen wird.«[16]

Als Darwin (in seinem Brief an Hooker) versicherte, es sei Unsinn, über den Ursprung des Lebens nachzudenken, fügte er hinzu, genau so gut (oder so schlecht) könne man über den Ursprung der Materie nachdenken. Es ist kaum überraschend, daß wir heutzutage über *beide* Ursprünge, den des Lebens und den der Materie, ernsthaft theoretisieren. Wahr ist aber auch, daß wir immerhin hundert Jahre brauchten, um wissenschaftlich zu diesen tiefen Problemen vorzustoßen.
Nach solchen jüngeren Untersuchungen ist zwar die Theorie der biologischen Evolution in ihrer Gesamtheit eine rein *biologische* Theorie, das Prinzip der natürlichen Auslese aber nicht. Es ist nicht nur auf lebende Organismen anwendbar, sondern auf selbstreproduzierende Systeme im allgemeinen. Unter diesen Systemen sind auch biologische Makromoleküle, vor allem RNA-Moleküle. Solche Moleküle können spontan entstehen, stabile Konfigurationen bilden, sich verdoppeln, und bei der Verdopplung »Fehler« machen. In verschiedenen Umgebungen zeigen sie unterschiedliche Stabilität, unterschiedliche Vermehrungsraten und unterschiedliche Replikationstreue. Das aber heißt, daß sie einer *Evolution* unterliegen.
Somit haben sich die Begriffe und Prinzipien der Evolution

76   Der Evolutionsbegriff als Mittel zur Synthese

sogar auf die präbiologische Phase der *molekularen Evolution* ausdehnen lassen.[17] Das ist ein weiteres Bindeglied in der Kette evolutionärer Prozesse. Es stellt sich heraus, daß das Selektionsprinzip nicht auf die Welt des Lebendigen beschränkt ist; es kann sogar aus physikalisch-chemischen Überlegungen allein *abgeleitet* werden. Es überbrückt somit die scheinbare Kluft zwischen unbelebter Materie und lebendigen Systemen.

Das bedeutet allerdings nicht, daß das Problem des Lebensursprungs gelöst wäre. Wir haben gute Gründe zu glauben, daß die Kluft zwischen Unbelebt und Belebt von der anorganischen Seite her überbrückt werden konnte und überbrückt wurde. Wie das genau geschah, wissen wir noch nicht. Die ersten Repräsentanten des Lebens sind noch Gegenstand zahlreicher Spekulationen.[18] Es könnte sehr wohl noch weitere hundert Jahre dauern, bis diese Probleme gelöst sind.

8. *Die untere Grenze*

Wie weit lassen sich die Prinzipien der Evolution nach unten ausdehnen? Wenn Moleküle Information tragen und Funktionen ausüben können, wenn sie sich replizieren, mutieren und ausgelesen werden können, warum dann nicht auch Atome, Elementarteilchen, Sterne oder Galaxien? Gibt es eine untere Grenze für die Anwendbarkeit von Evolutionsbegriffen?

Ja, die gibt es. Obwohl alle realen Systeme sich entwickeln, entwickeln sich nicht alle nach Darwinschen Prinzipien. Es gibt Systeme, bei denen das Selektionsprinzip »noch« nicht greift. Die untere Anwendbarkeitsgrenze ist die *Selbstreplikation*. Sie liegt unterhalb aller existierenden Organismen, unterhalb der Einzeller, unterhalb der Viren, unterhalb der »Protobionten« (Folsome, Kaplan) oder »Eobionten« (Pirie, Bernal), unter den »Progenoten« (Woese), »Hyperzyklen« (Eigen, Schuster) und »Mikrosphären« (Fox), wahrscheinlich sogar unterhalb der RNA-Moleküle. Möglicherweise liegt sie bei einfachen Kristall-Defekten (Weiss, Cairns-Smith) oder bei Toneinschlüssen.

Aber die Grenze existiert. Es hat keinen Sinn, die Begriffe »Mutation« und »Selektion« auf Sterne anzuwenden, eben weil diese sich nicht reproduzieren, weil sie keine Nachkommen haben und weil es hier keine Vererbung gibt. Wo keine Information übertragen wird, kann es auch keine Übertragungsfehler geben. Hier gibt es also gar keine Mutationen. Erst recht gibt es keine Selektion im Sinne einer differentiellen Reproduktion, da es ja nicht einmal Reproduktion gibt.

Obwohl also der Begriff der *Evolution* auf alle realen Systeme anwendbar ist, sind die Begriffe und Prinzipien der *biologischen* Evolution nur auf selbstreplizierende Systeme anwendbar. Wir müssen deshalb die verschiedenen Anwendungsbereiche für evolutionäre Begriffe sorgfältig unterscheiden. Auch wenn die Prinzipien der biologischen Evolution auf Bereiche und Systeme passen, die von denen, für die sie ursprünglich entwickelt worden waren, sehr verschieden sind – *universell* einsetzbar sind sie eben doch nicht.

9. *Erweiterungen der Evolutionstheorie »nach oben«*

In seinem Buch *Der Ursprung der Arten* behandelt Darwin die Abstammung des Menschen nicht. Sein einziger Hinweis auf dieses Problem ist ein einzelner Satz: »Viel Licht wird fallen auf den Ursprung des Menschen und seine Geschichte.« Es folgt jedoch schon aus der Idee einer biologischen Evolution, daß der Mensch nicht aus einem solchen evolutionären Weltbild ausgeblendet werden kann. Es hieße, gegen alle wissenschaftlichen Standards zu verstoßen, wollte man zuerst ein vermeintlich universelles Naturgesetz

78   Der Evolutionsbegriff als Mittel zur Synthese

formulieren und dann den Menschen von diesem universellen Gesetz wieder ausnehmen. Ein solcher innerer Widerspruch hätte Darwins Absichten nicht entsprochen. Er war sich über dieses heikle Problem auch völlig im klaren. Schon während seiner Arbeit am *Ursprung* hatte er umfangreiches Material über die Abstammung des Menschen gesammelt. Aber er wollte die Probleme (und seine Kritiker) getrennt halten. Die Behauptung, daß der Mensch *irgendwie* von tierischen Vorfahren abstamme, ist *eine* Sache; genau anzugeben, von welchen Tieren und wie und in welcher Zeit, eine *andere*. Darwins Zurückhaltung war jedoch vergeblich. Sofort mit dem *Ursprung der Arten* erstreckte, ja konzentrierte sich die Diskussion über seine Theorie auf die Abstammung gerade des Menschen.

Als Darwin schließlich 1871 sein einschlägiges Buch *Die Abstammung des Menschen und die sexuelle Auslese* veröffentlichte, hatten andere Denker seine Gedanken bereits vorweggenommen, zum Beispiel Charles Lyell und Thomas Henry Huxley in England, Carl Vogt und Ernst Haeckel in Deutschland (alle 1863). Trotzdem wagte Darwin nicht, einen Stammbaum für den Menschen vorzuschlagen. Den Grund dafür nennt Isaac:

> »1871 waren die Schädel aus dem Neanderthal und von Gibraltar die einzigen bekannten menschlichen Fossilien von Bedeutung. In seinem Essay »Der Platz des Menschen in der Natur« hatte Huxley schon 1863 gezeigt, daß die Neanderthal-Form eigentlich eine Abweichung vom menschlichen Typ und nicht ein evolutionäres Bindeglied darstellte, so daß Darwins Auffassung von der menschlichen Evolution praktisch noch »fossilfrei« war.«[19]

Im Hinblick auf die Fossil-Situation sind wir heute viel besser dran, obwohl immer noch viele Probleme auf eine endgültige Lösung warten. Es gibt überhaupt keinen Zweifel, daß der Mensch von affenartigen Lebewesen abstammt. Ursprung und Abstammung des Menschen sind also durchaus

Physikalisch-chemische Evolution	Biologische Evolution		Wissenschaftliche und philosophische Disziplinen
	Systeme	Merkmale	
Universum Galaxien Sterne Planeten (Erde)		ästhetische Standards moralische Normen	Evolutionäre Ästhetik (existiert noch nicht) Evolutionäre Ethik (fragmentarisch)
		Intelligenz, kognitive Fähigkeiten Kommunikation	Evolutionäre Psychologie und Erkenntnistheorie
Atmosphäre		Sozialverhalten Tierverhalten	Soziobiologie Verhaltensforschung
Kontinente	Biosphäre Ökosysteme		
Felsen	höhere Kategorien	Makroevolution	»Synthetische Theorie« (J. Huxley 1942)
Kies	Arten (Darwin) Menschen Tiere Pflanzen	Mikroevolution	Theorie der natürlichen Auslese
	Rassen Populationen		Populationsgenetik
	Mikroorganismen Bakterien Archäbakterien		
	Protobionten Eobionten Progenoten Mikrosphären Hyperzyklen RNA-Moleküle	Ursprung des Lebens	Biogenetik
Kristalle	Kristall-Defekte		
Makromoleküle Moleküle Atome Elementarteilchen Quarks Energie Raumzeit Universum	↑ untere Grenze: replikative Systeme		

Tab. 1. Die Ausweitung des Anwendungsbereichs der Evolutionstheorie

zulässige Anwendungen der Evolutionstheorie. Was wollen wir mehr? Hat die Evolution mehr zu bieten als ihre Anwendung »vom Molekül zum Menschen«? Ja, das hat sie. Die Evolutionstheorie ist nicht auf biochemische und morphologische Eigenheiten beschränkt. Sie gilt für *alle organismischen Merkmale*. Und zu den organismischen Merkmalen gehören so verschiedenartige Züge wie Sozialverhalten, Kommunikation, kognitive Fähigkeiten, moralische Normen, ästhetische Standards. Inwieweit sind die Prinzipien der biologischen Evolution auch für solche Merkmale maßgebend? Wo liegt die »obere« Anwendbarkeitsgrenze für das Selektionsprinzip?

In Abschnitt 8 waren wir zu dem Ergebnis gekommen, daß die »untere« Grenze die *Selbstreplikation* ist. Wo immer sich Systeme unter gewissen Beschränkungen reproduzieren – seien es Beschränkungen an Nahrung, an Raum oder an Energie –, wo immer irgendwelche Güter knapp sind, dort gibt es Konkurrenz, differentielle Reproduktion und somit Selektion. Das bedeutet, daß das Selektionsprinzip anwendbar ist, wo immer Selbstreplikation mit leichten Erbänderungen bei beschränkten Ressourcen auftritt. Selbstreproduktion ist also nicht nur notwendig, sondern auch hinreichend, um Selektionsprozesse auszulösen.

Somit ist das Selektionsprinzip auch in Richtung nach »oben«, also im Hinblick auf wachsende Komplexität, nicht auf lebende Systeme beschränkt. Wenn Maschinen sich selbst reproduzierten – was im Prinzip durchaus möglich ist[20] –, würden sie ebenfalls evolutiven und damit selektiven Prozessen unterliegen. Dasselbe gilt für jedes andere reale System.

Es gibt deshalb *keine »obere« Grenze für die Anwendbarkeit des Selektionsprinzips*. Es gilt, wo immer die zuvor als einschlägig genannten Bedingungen erfüllt sind, ohne jede obere Grenze im Hinblick auf Entwicklungsniveau oder Komplexität. Tabelle 1 dokumentiert diese Erweiterung des Anwendungsbereichs der Evolutionstheorie nach beiden Richtungen.

10. Nicht-Darwinsche Evolution

Es liegt gerade an seiner Allgemeinheit, daß das Selektionsprinzip, obwohl es auf alle organismischen (also selbstreproduzierenden) Systeme anwendbar ist, nicht die gesamte Wissenschaft, nicht einmal die gesamte Biologie abdeckt. Wie in Abschnitt 5 gezeigt wurde, umfaßt Darwins Theorie der biologischen Evolution mehr als das Selektionsprinzip. Deshalb kann auch ein selektiver Prozeß durchaus ein nicht-Darwinscher Prozeß sein. Auch können die Abweichungen von Darwinschen Prinzipien in gänzlich *verschiedene* Richtungen gehen. Tabelle 2 gibt einen Überblick über einige typische Merkmale solcher nicht-Darwinscher Auffassungen.[21]

Da gibt es zunächst einmal die Theorien, welche die Idee einer Evolution generell ablehnen, nämlich *Kreationismus* (Schöpfungslehre) und *Katastrophen-Theorie* (mit unabhängiger Neuschöpfung). Wissenschaftlich sind sie längst nicht mehr vertretbar. Gleichwohl sollten sich Biologen mit den Thesen und Argumenten der Kreationisten vertraut machen, um ihnen überzeugend entgegentreten zu können.

Ferner gibt es die Auffassung, daß individuell (ontogenetisch) erworbene Eigenschaften genetisch vererbt werden könnten. Diese These von Lamarck scheint zwar zunächst recht einleuchtend, ist jedoch empirisch nicht haltbar und durch die molekulare Genetik wohl endgültig widerlegt. Moderne Theorien der biologischen Evolution, die als *darwinistisch* oder *neo-darwinistisch* gelten, zeichnen sich gerade dadurch aus, daß sie Lamarcks Hypothese ablehnen. Interessanterweise hat Darwin selbst die Auffassung, Gebrauch und Nichtgebrauch von Organen könnten erbliche Folgen haben und deshalb den Gang der Evolution beeinflussen, *akzeptiert*. Auch betonte er immer wieder, er sei »überzeugt, daß die natürliche Zuchtwahl das wichtigste, wenn auch nicht das einzige Mittel der Abänderung« sei.[22]

evolutionäres Merkmal (vs. Darwinsches Merkmal)	relevant für die Biologie nach Auffassung von	tatsächlich relevant für	Bemerkungen (charakteristische Eigenschaft)
keinerlei Veränderungen, Arten sind geschaffen und unveränderlich (vs. Evolutionismus)	Kreationismus		wörtliche Deutung des Schöpfungsberichtes, widerlegt
wiederholte Auslöschung aller (höheren) Lebensformen und unabhängige Neuschöpfung (vs. »Aktualismus«)	Bonnet 1770 (Palingenesis) Cuvier 1812 (Katastrophentheorie)		Katastrophen (z. B. Meteoriten-Einschläge) spielen tatsächlich eine wichtige Rolle für die Evolution
Makromutationen, große Entwicklungssprünge, »hopeful monsters« (vs. Mikromutationen)	T. H. Huxley (!) de Vries 1901 Goldschmidt 1940	Makroevolution? Kladogenesis?	theoretisch und empirisch äußerst selten
Vererbung individuell erworbener Eigenschaften (vs. zufällige genetische Variation und anschließende Selektion)	Lamarck 1809 Darwin (!) 1859 Kammerer 1925 Lyssenko 1930 Steele 1979	kulturelle Evolution	Lernen durch Nachahmung und Belehrung, Evolutionsgeschwindigkeit hoch
genetische Drift, vor allem aufgrund von Populationsschwankungen (vs. reine Anpassung)	Sewall Wright 1931	Flaschenhals-Effekt, Gründerprinzip	durch die »synthetische« Evolutionstheorie anerkannt
neutrale Mutationen (vs. Panselektionismus)	King/Jukes 1969 Kimura/Ohta 1968	Teile der Evolution	konstante Mutationsrate
Stasis und schnelle Evolution: »punktiertes Gleichgewicht« (vs. Darwinscher Gradualismus)	Eldredge und Gould 1972	adaptive Radiation, Teile der Evolution	Begriff der »explosiven« Entwicklung abhängig von der Zeitskala
Hyperbolisches Wachstum (vs. exponentielles Wachstum)	Eigen 1971 Schuster 1977	hyperzyklische Phase der molekularen Evolution	keine Chance für Konkurrenten, keine Koexistenz, Alles-oder-Nichts-Entscheidung
Gruppenselektion (vs. individuelle und Verwandten-Selektion)	Darwin 1871 Wynne-Edwards 1962	Erklärung des Altruismus?	ganze Gruppen als Einheiten der Selektion
interne Selektion (vs. externe Selektion)	Gutmann 1981		Beispiel: hydraulische Modelle

Tab. 2. Arten und Merkmale nicht-Darwinscher Evolution

Der Evolutionsbegriff als Mittel zur Synthese 83

Insofern war Darwin selbst kein »Darwinist« im modernen Sinne.

Daß die natürliche Auslese für die intraspezifische Evolution (Mikroevolution) wirksam und wesentlich ist, wird von allen Biologen bereitwillig anerkannt. Umstritten ist jedoch die Frage, ob Darwins Theorie der natürlichen Auslese auch die *Makroevolution* erklärt, also das Entstehen neuer Gene, neuer Arten, neuer Gattungen und höherer taxonomischer Kategorien. In jüngerer Zeit ist diese Diskussion durch provozierende Thesen wie die des *Punktualismus* und des *Neutralismus* wiederbelebt worden. Daß es tatsächlich vergleichsweise *schnelle* evolutionäre Veränderungen (die dem traditionellen Gradualismus zu widersprechen scheinen) und *selektionsneutrale* Mutationen (die dem konventionellen Panselektionismus widersprechen) gibt, ist heute allgemein anerkannt. Ihr quantitativer Anteil an evolutionären Prozessen ist dagegen noch heftig umstritten.[23] Es ist durchaus möglich, daß aus dieser Diskussion eine neue evolutionäre Synthese hervorgeht.[24]

Es gibt noch mehr Arten nicht-Darwinscher Evolution. Im Anschluß an Malthus war Darwin der Meinung, daß Organismen sich immer in geometrischer Progression, also *exponentiell*, vermehren, solange sie keinen begrenzenden Einschränkungen unterworfen sind. Nach Manfred Eigens Hyperzyklus-Theorie soll die Evolution jedoch eine präbiologische und prä-Darwinsche Phase *hyperbolischen* Wachstums durchlaufen haben, in der überlegene Konkurrenten (oder Mutanten) *keine* Chance hatten, sich gegen die etablierten hyperzyklischen Systeme durchzusetzen. Diese Intoleranz habe zu einer Alles-oder-Nichts-Entscheidung geführt, zur Dominanz eines einzigen (Proto)Typs von lebenden Systemen ohne die Möglichkeit der Koexistenz. Ein solches Modell würde jedenfalls die (fast) durchgehende Universalität des genetischen Codes erklären.[25]

Es gibt auch viel Diskussion über die *Einheiten der Selektion*. Sind es Gene, Genome, Individuen, Populationen, Arten oder Ökosysteme, die positiv oder negativ ausgelesen werden? Der konventionelle Darwinismus betrachtet die Individuen als die Einheiten der Selektion. Die Existenz *altruistischen* Verhaltens hat jedoch zu neuen Begriffen, Thesen, Argumenten und Auseinandersetzungen geführt. Noch immer ist es Gegenstand von Diskussionen und – hoffentlich – von empirischen und theoretischen Untersuchungen, ob *Verwandtschaftsselektion* für alle Selektionserscheinungen maßgebend ist oder ob in der Evolution auch *Gruppenselektion* existiert und wirksam ist.[26]

Ein ähnliches Problem betrifft die *Auslesemechanismen*. Was ist eigentlich der aktive Faktor in der Selektion? Ist es »die Umwelt«, die ausliest? Oder gibt es auch interne Selektionen, Ausleseinstanzen innerhalb der Organismen?[27] Diese Diskussion könnte durch eine genauere Betrachtung des Selektionsbegriffs erleichtert werden. Wie schon in Abschnitt 5 betont wurde, sollte man Selektion nicht als äußere Kraft oder äußeren Faktor (miß)verstehen. Selektion ist nicht mehr als *unterschiedliche Reproduktion aufgrund unterschiedlicher Tauglichkeit*. Ob meine Tauglichkeit gering ist, weil ich Feinden nicht entkommen kann oder wegen innerer Instabilitäten, macht im Hinblick auf das Überleben wenig Unterschied. Somit widerspricht der Begriff der internen Selektion der Darwinschen Selektion überhaupt nicht. Er greift nur einen von mehreren Auslesemechanismen heraus.

Gleichwohl wäre es sehr interessant zu wissen, ob es wenigstens in höheren Organismen interne Selektoren gibt, die Genome oder Phänotypen in frühen Entwicklungsstadien auf ihre Lebensfähigkeit überprüfen und Keimzellen, befruchtete Eier oder sogar Embryos eliminieren, wenn sie Defekte aufweisen. Solche internen Selektoren würden helfen, Nahrung, Energie und Zeit zu sparen. Sie würden eine quasi-teleologische Rolle spielen, ohne anti-selektionistisch oder anti-darwinistisch zu sein. Wie sie entstehen könnten – durch Mutation und, in irgendeinem früheren Stadium, *äußere* Selektion –, muß hier offen bleiben.

11. *Ausblick*

Unsere Beispiele zeigen, daß die zentrale und in gewisser Weise universelle Rolle des Selektionsprinzips nicht bedeutet, daß nicht auch andere Arten evolutionärer Begriffe, Prinzipien oder Theorien relevant und angemessen sein könnten. Es ist deshalb unbedingt erforderlich, in jedem Falle ganz klarzumachen, über welche Art von Evolution man gerade spricht. Geht es um bloße Veränderung oder haben wir wachsende Komplexität im Auge? Sprechen wir über anorganische oder organische Evolution? Beziehen wir uns auf Darwinsche oder auf nicht-Darwinsche Prozesse und Theorien? Gibt es andere selektive Prozesse als die natürliche Auslese?

Es wäre jedenfalls ein schwerer Irrtum, wenn wir alle Arten von Evolution als demselben Gesetz oder demselben System von Gesetzen unterworfen deuten wollten. Obwohl Evolution wahrhaft universell und der Evolutionsbegriff auf alle realen Systeme anwendbar ist, gilt dies doch nicht für alle Begriffe und Gesetze der Evolution. Viele Prinzipien der Evolutionstheorie bleiben auf spezielle Bereiche beschränkt. Die Anwendung des Prinzips der natürlichen Auslese auf die Evolution von Sternen wäre so verfehlt wie die Ansicht, die Evolution wissenschaftlicher Theorien sei lediglich eine Verlängerung oder Extrapolation der biologischen Evolution.

Leider sind diese und ähnliche Irrtümer gang und gäbe. Während jedoch die Überschreitung der *unteren* Grenze normalerweise wenig schadet, da sie nur die Anwendung eines komplizierten Werkzeugs auf ein einfaches Werkstück bedeutet, kann die Überschreitung der *oberen* Grenze sehr irreführend und sogar gefährlich sein, da sie allzu leicht zu Übervereinfachungen führt.

Es wäre sicher lohnend, einige konkrete Beispiele solcher Rückwärts- und – noch wichtiger – Vorwärts-Anwendungen der Evolutionstheorie zu studieren. Dabei kämen in Frage:

a) die Evolution (!) kognitiver Fähigkeiten (Evolutionäre Psychologie und Evolutionäre Erkenntnistheorie),
b) die Evolution (!) wissenschaftlicher Theorien (Wissenschaftsgeschichte und -theorie, nicht zu verwechseln mit der Evolutionären Erkenntnistheorie),
c) die Evolution (!) von technischen Problemen und technischen Lösungen, insbesondere von Maschinen (Geschichte der Technologie),
d) die Evolution (!) des Sozialverhaltens (Soziobiologie),
e) die Evolution (!) moralischen Verhaltens und moralischer Normen (Evolutionäre Ethik, bisher nicht existent),
f) die Evolution (!) von Institutionen (Ehe, Arbeitsteilung, Markt, Recht, Demokratie) (Anthropologie, Soziologie, politische Wissenschaften),
g) die Evolution (!) der Kunst und ästhetischer Standards (Evolutionäre Ästhetik, nicht existent).

So interessant sie auch sein mögen, so müssen solche Untersuchungen doch anderen Gelegenheiten vorbehalten bleiben.[28]

Diese Überlegungen sollten klarmachen, daß die integrative Kraft evolutionärer Konzepte nicht überschätzt oder gar mißbraucht werden darf. Der Begriff der Evolution ist universell, integrativ, synthetisch, heuristisch fruchtbar; aber ein Allheilmittel ist er nicht. Es ist unerläßlich, daß man sich nicht nur seiner Leistung, sondern auch seiner Grenzen bewußt ist.

Der Evolutionsbegriff als Mittel zur Synthese 87

Anmerkungen

1 Nach Isaac Asimov, *Biographische Enzyklopädie der Naturwissenschaften und der Technik*, Freiburg i. Br. 1973, S. 7 (Vorwort).

2 So kommt Gunther S. Stent zu dem Schluß, für die Wissenschaften wie für die Künste sei ein Ende abzusehen: *Paradoxes of Progress*, San Francisco 1978, S. 47–59. Man vergleiche auch Stephen Hawking; »Ist das Ende der theoretischen Physik in Sicht?« [engl. 1980], in: John Boslough, *Jenseits des Ereignishorizontes*, Hamburg 1985 [engl. 1985] S. 129–150.

3 Vgl. Jamal N. Islam, *The Ultimate Fate of the Universe*, Cambridge 1983. – Paul Davies, *Am Ende ein neuer Anfang. Biographie des Universums*, Düsseldorf 1979 [engl. 1978] Kap. 10 und 11.

4 Nach August Weismann, *Charles Darwin und sein Lebenswerk*, Jena 1909. Wiederabgedr. in: Günter Altner (Hrsg.), *Der Darwinismus. Die Geschichte einer Theorie*, Darmstadt 1981, S. 472 bis 486, bes. S. 483.

5 Zur Dokumentation und ohne jeden Anspruch auf Vollständigkeit seien hier einige einschlägige Titel genannt, welche die Universalität der evolutionären Frage dokumentieren. (SA steht für *Scientific American*.)
– I. D. Novikov, *Evolution of the Universe*, Cambridge 1983. – George Gamow, »The Evolutionary Universe«, in: SA 195 (Sept. 1956). – Maarten Schmidt / Francis Bello, »The Evolution of Quasars«, in: SA 224 (Mai 1971) S. 55–69. – Halton C. Arp, »The Evolution of Galaxies«, in: SA 208 (Jan. 1963). – J. C. G. Walker, *Evolution of the Atmosphere*, New York 1977. – Francisco J. Ayala (Hrsg.), *Molecular Evolution*, Sunderland 1976. – Artikel in SA 239 (Sept. 1978) tragen die folgenden vielsagenden Titel: »Chemical Evolution and the Origin of Life«, »The Evolution of the Earliest Cells«, »The Evolution of Multicellar Plants and Animals«, »The Evolution of Ecological Systems«, »The Evolution of Behavior«, »The Evolution of Man«. – Ferner Konrad Z. Lorenz, »The Evolution of Behavior«, in: SA 199 (Dez. 1958). – Alison Jolly, »The Evolution of Primate Behavior«, in: *American Scientist* 73 (1985) S. 230–239. – W. D. Hamilton, »The Genetical Evolution of Social Behavior«, in: *Journal of Theoretical Biology* 7 (1964) S. 1–52. – Robert L. Trivers, »The Evolution of Reciprocal Altruism«, in: *The Quarterly Review of*

88   *Der Evolutionsbegriff als Mittel zur Synthese*

Biology 46 (1971) S. 35–57. – R. Axelrod / W. D. Hamilton, »The Evolution of Cooperation«, in: *Science* 211 (1981) S. 1390 bis 1396. – M. E. Bitterman, »The Evolution of Intelligence«, in: SA 212 (Jan. 1965). – H. J. Jerison, *Evolution of the Brain and Intelligence*, New York 1973. – John Maynard Smith, »The Evolution of Animal Intelligence«, in: Christopher Hookway (Hrsg.), *Minds, Machines and Evolution*, Cambridge 1984, S. 63–71. – Tom Settle, »Evolution of Moral and Ethical Behavior«, in: *Absolute Values and the Creation of the New World*, Proceedings of the Eleventh International Conference on the Unity of the Sciences (Nov. 1982, Philadelphia), New York 1983, S. 1209–31.

6 Eine eindrucksvolle Darstellung dieser Geschichte bieten Stephen Toulmin / June Goodfield, *Entdeckung der Zeit*, München 1970 [engl. 1965].

7 Karl R. Popper, »Die Zielsetzung der Erfahrungswissenschaft« [engl. 1957], in: K. R. P., *Objektive Erkenntnis. Ein evolutionärer Entwurf*, Hamburg 1973, S. 213 (⁴1984, S. 198).

8 Vgl. Salvador E. Luria / Stephen Jay Gould / Sam Singer, *A View of Life*, Menlo Park 1981, S. 582–586. – Artikel von Ernst Mayr (»Evolution«), Francisco J. Ayala (»The Mechanisms of Evolution«) und Richard C. Lewontin (»Adaptation«) in: *Scientific American* 239 (Sept. 1978).

9 Darwins Autobiographie findet sich in Francis Darwin (Hrsg.), *The Life and Letters of Charles Darwin*, Bd. 1, London 1887 (dt.: *Leben und Briefe von Charles Darwin*, Stuttgart 1887); jetzt in: Siegfried Schmitz (Hrsg.), *Charles Darwin – ein Leben*, München 1982. (Die im Text zitierte Stelle dort S. 93.)

10 Einige Gründe für diese Verzögerung nennt Stephen Jay Gould, *Darwin nach Darwin*, Frankfurt a. M. 1984, S. 14–20.

11 D. S. Bendall (Hrsg.), *Evolution from Molecules to Men*, Cambridge 1982 (ein ausgezeichneter Band, dessen einzelne Kapitel das ganze Spektrum moderner Anwendungen von Darwins Theorie überspannen). Man vgl. auch G. Ledyard Stebbins, *Darwin to DNA, Molecules to Humanity*, San Francisco 1982.

12 Dieser Fortschritt ist eindrucksvoll dokumentiert in: Carl R. Woese, »The Primary Lines of Descent and the Universal Ancestor«, in: Bendall (vgl. Anm. 11) S. 209–233.

13 Vgl. Carl R. Woese, »Archäbakterien – Zeugen aus der Urzeit des Lebens«, in: *Spektrum der Wissenschaft* (Aug. 1981) S. 74 bis 91, und die dort genannte Literatur.

Der Evolutionsbegriff als Mittel zur Synthese 89

14 Charles Darwin, *Die Entstehung der Arten durch natürliche Zuchtwahl* (1859, [6]1872), Stuttgart 1981, S. 671 (15. Kapitel).

15 Ohne Quellenangabe zitiert in Clair Edwin Folsome, *The Origin of Life. A Warm Little Pond*, San Francisco 1979. S. VI.

16 Zitiert nach Manfred Eigen, »Self-Replication and Molecular Evolution«, in: Bendall (vgl. Anm. 11) S. 128.

17 Eine Einführung geben M. Eigen / W. C. Gardiner / P. Schuster / R. Winkler-Oswatitsch, »Ursprung der genetischen Information«, in: *Spektrum der Wissenschaft* (Juni 1981) S. 36–56. Eine umfassende Übersicht gibt Bernd-Olaf Küppers, *Molecular Theory of Evolution. Outline of a Physico-Chemical Theory of the Origin of Life*, Berlin 1983.

18 Einige Spekulationen über mögliche erste selbstreplizierende Systeme bieten: Armin Weiss, »Replikation und Evolution in anorganischen Systemen«, in: *Angewandte Chemie* 93 (1981) S. 843–854; Carl R. Woese (vgl. Anm. 12); A. G. Cairns-Smith, »Bestanden die ersten Lebensformen aus Ton?«, in: *Spektrum der Wissenschaft* (Aug. 1985) S. 82–91, und die dort genannte Literatur.

19 Nach Glynn Ll. Isaac, »Aspects of Human Evolution«, in: Bendall (vgl. Anm. 11) S. 509–543, bes. S. 510.

20 Das Problem selbstreproduzierender Maschinen wird diskutiert in: John von Neumann, »The General and Logical Theory of Automata«, in: L. A. Jeffress (Hrsg.), *Cerebral Mechanisms in Behavior*, New York 1951; wiederabgedr. in: Z. W. Pylyshyn (Hrsg.), *Perspectives on the Computer Revolution*, Englewood Cliffs 1970, S. 87–113. Siehe auch John von Neumann, *Theory of Self-Reproducing Automata* (hrsg. von Arthur W. Burks), Urbana 1966. Eine Einführung gibt L. S. Penrose, »Self-Reproducing Machines«, in: *Scientific American* 200 (Juni 1959) S. 105 bis 114.

21 Eine Einführung in die Diskussion über nicht-Darwinsche Evolution gibt Franz Pirchner, »Darwinsche und Nicht-Darwinsche Evolution«, in: P. C. Aichelburg / R. Kögerler (Hrsg.): *Evolution*, St. Pölten 1987, S. 39–48. – Zum *Punktualismus* vgl.: Niles Eldredge / Stephen J. Gould, »Punctuated Equilibria: an Alternative to Phyletic Gradualism«, in: T. J. M. Schopf (Hrsg.), *Models in Paleobiology*, San Francisco 1972, S. 82–115; S. M. Stanley, *Macroevolution: Pattern and Process*, San Francisco 1979. – Zur *Neutraltheorie* der Evolution vgl.: Jack Lester King / Thomas H. Jukes, »Non-Darwinian Evolution«, in: Science 164 (1969)

90   *Der Evolutionsbegriff als Mittel zur Synthese*

S. 788–798; J. F. Crow, »Darwinian and Non-Darwinian Evolution«, in: L. M. Le Cam [u. a.] (Hrsg.), *Proceedings of the Sixth Berkeley Symposium on Mathematical Statistics and Probability* (1970), Berkeley 1972, Bd. 4, 5 oder 6, S. 1–22; Motoo Kimura, »Die ›neutrale‹ Theorie der molekularen Evolution«, in: *Spektrum der Wissenschaft* (Jan. 1980) S. 94–101.

22 Charles Darwin, *Die Entstehung der Arten* (vgl. Anm. 14) S. 29 (letzter Satz der Einleitung) und S. 665 (15. Kapitel).

23 Wie traditionelle Evolutionstheoretiker versuchen, Punktualismus und Neutraltheorie in die »synthetische« Evolutionstheorie zu integrieren, sieht man bei: Francisco J. Ayala, »Microevolution and Macroevolution«, in: Bendall (vgl. Anm. 11) S. 387–402; G. Ledyard Stebbins / Francisco J. Ayala, »Die Evolution des Darwinismus«, in: *Spektrum der Wissenschaft* (Sept. 1985) S. 58 bis 71.

24 Vgl. G. Ledyard Stebbins / Francisco J. Ayala, »Is a New Evolutionary Synthesis Necessary?«, in: *Science* 213 (1981) S. 967 bis 971.

25 Zur hyperzyklischen Phase der Evolution (hyperbolisches Wachstum) vgl.: Manfred Eigen / Peter Schuster, »The hypercycle«, in: *Naturwissenschaften* 64 (1977) S. 541–565 (A), 65 (1978) S. 7–41 (B), 65 (1978) S. 341–369 (C), Nachdr.: Heidelberg / New York 1979; Manfred Eigen, »Darwin und die Molekularbiologie«, in: *Angewandte Chemie* 93 (1981) S. 221–229.

26 Als Einführung in die Diskussion über die Relevanz der Gruppenselektion dient Edward O. Wilson, *Sociobiology – the New Synthesis*, Cambridge (Mass.) 1975, Kap. 5 (»Group Selection and Altruism«) S. 106–129, oder auch jedes andere größere Buch über Soziobiologie.

27 Die Bedeutung der *internen* Selektion wird betont in F. Wolfgang Gutmann / Klaus Bonik, *Kritische Evolutionstheorie*, Hildesheim 1981.

28 Zu den verschiedenen Extrapolationen evolutionärer Konzepte sind im folgenden einige Arbeiten angegeben, wobei die Einteilung derjenigen im Text folgt:
a) Donald T. Campbell, »Evolutionary Epistemology«, in: Paul A. Schilpp (Hrsg.), *The Philosophy of Karl Popper*, La Salle 1974, S. 413–463. – Gerhard Vollmer, *Evolutionäre Erkenntnistheorie*, Stuttgart 1975, [4]1987, [6]1994. – Ders., *Was können wir wissen?* Bd. 1: *Beiträge zur Evolutionären Erkenntnistheorie*, Stuttgart 1985, [2]1988.

Der Evolutionsbegriff als Mittel zur Synthese 91

b) Stephen E. Toulmin, »Die evolutionäre Entwicklung der Naturwissenschaft« (1967), abgedr. in: Werner Diederich (Hrsg.), *Theorien der Wissenschaftsgeschichte*, Frankfurt a. M. 1974, S. 249–275. – Kritik übt Paul Thagard, »Against Evolutionary Epistemology«, in: Peter D. Asquith / Ronald M. Giere (Hrsg.), *Philosophy of Science Association* (PSA) Bd. 1 (1980) S. 187–196.

c) Sigvard Strandh, *Die Maschine*, Freiburg i. Br. 1980. – P. Grassmann, »Läßt sich die technische Entwicklung mit der biologischen Evolution vergleichen?«, in: *Naturwissenschaften* 72 (1985) S. 567–573.

d) Wilson (vgl. Anm. 26). – Charles J. Lumsden / Edward O. Wilson, *Das Feuer des Prometheus*, München 1984.

e) Thomas H. Huxley / Julian Huxley, *Evolution and Ethics, 1893–1943*, London 1947. – Robert J. Richards, »A Defense of Evolutionary Ethics«, in: *Biology and Philosophy* 1 (1986) S. 265–293. – Richard D. Alexander, *The Biology of Moral Systems*, New York 1987.

f) Friedrich A. von Hayek, »The Rules of Our Morality Are not the Conclusions of Our Reason«, in: *Absolute Values and the New Cultural Revolution*, Commemorative Volume of the Twelfth International Conference on the Unity of the Sciences (Chicago 1983), New York 1984, S. 35–42.

g) Desmond Morris, *Der malende Affe. Zur Biologie der Kunst*, München 1968 [engl. 1962], und dort genannte Literatur.

Der wissenschaftstheoretische Status der Evolutionstheorie

Einwände und Gegenargumente

Die Evolutionstheorie hält einen merkwürdigen Rekord: Es gibt wohl kaum eine Theorie, die von der Fachwissenschaft im wesentlichen anerkannt ist und gegen die doch gleichzeitig so viele – auch grundsätzliche – Einwände erhoben werden. (Allenfalls galt dies vielleicht für Einsteins Spezielle Relativitätstheorie in ihren jungen Jahren. Aber die Evolutionstheorie ist immerhin schon über 130 Jahre alt.) Es scheint also immer noch nicht klar zu sein, ob die Evolutionstheorie eine gute erfahrungswissenschaftliche Theorie ist.

Nun ist es eine der wichtigsten Aufgaben der Wissenschaftstheorie, die Kriterien herauszuarbeiten, nach denen wissenschaftliche Theorien beurteilt werden (sollen). Es dürfte sich deshalb lohnen, die vielfach kritisierte Evolutionstheorie einer wissenschaftstheoretischen Analyse zu unterwerfen. Eine solche Betrachtung kann verschiedenen Zwecken dienen: Dem Wissenschaftstheoretiker bietet sie die Möglichkeit, sein Instrumentarium an einem wichtigen Fall zu erproben, zu verbessern, vielleicht überhaupt erst zu entwickeln. Der Biologin eröffnet sie die Chance, ihre Intuition – etwa über die Qualität der Evolutionstheorie – zu formulieren, ihre Argumente zu schärfen, Einwände kennenzulernen und Gegenargumente zu sammeln, zu ordnen und auszubauen.

Der folgende Aufsatz gibt eine kurze Übersicht über die Prinzipien der Evolutionstheorie (hier gibt es eine geringfügige Überschneidung mit dem vorigen Beitrag) und über die von der Wissenschaftstheorie erarbeiteten Kriterien zur Beurteilung von Theorien. Dann ordnet er die Einwände gegen die Evolutionstheorie nach diesem Kriterienkatalog und

Der Status der Evolutionstheorie 93

stellt gleichzeitig die Gegenargumente vor. Die meisten Ein-
wände gegen die Evolutionstheorie sind nicht haltbar.
Der Beitrag entstand anläßlich einer Tagung »Evolution
und Schöpfung« an der Evangelischen Akademie Loccum
zunächst in englisch. So wurde er auch 1993 bei einer Konfe-
renz zur Philosophie der Biologie in Mexiko vorgetragen.
Für den vorliegenden Band wurde er ins Deutsche übersetzt
und geringfügig erweitert.

1. *Gibt es überhaupt eine Evolutionstheorie?*

Eine eingehende Darstellung der Evolutionstheorie würde
diesen kurzen Beitrag sprengen; doch dürften einige Bemerkungen darüber, was Evolutionstheorie *nicht* ist, hilfreich
sein.
Zunächst einmal müssen wir uns dazu auf einen speziellen
Abschnitt der universellen Evolution beschränken, nämlich
auf die Evolution der *Lebewesen*, der *Organismen*. Wir reden also *nicht* über die Evolution des Kosmos, der Galaxien
oder der Sterne, nicht über chemische oder molekulare
Evolution, nicht einmal über den Ursprung des Lebens.
Ebensowenig reden wir über psychosoziale oder kulturelle
Evolution, über die Evolution der Wissenschaft oder über
die Evolution der Evolutionstheorie.
Alle diese evolutionären Prozesse gibt es, sie stellen die wissenschaftliche Forschung vor faszinierende Probleme, und
die Antworten reichen von wilden Spekulationen bis zu
wohlgeprüften Theorien. Aber es gibt bisher keine umfassende Theorie, die alle Phasen der universellen Evolution
beschreiben oder gar erklären könnte. Was wir haben, sind
hübsche und lehrreiche Zusammenstellungen der Merkmale, die allen Phasen der Evolution gemeinsam sind. Aber
für die verschiedenen Stadien der Evolution haben wir,
wenn überhaupt, jeweils *unterschiedliche* Theorien. Und
eine dieser Phasen ist eben die Evolution der Lebewesen.

94   *Der Status der Evolutionstheorie*

Für diese organismische Evolution ist die heute von den meisten Wissenschaftlern anerkannte Theorie die Theorie der natürlichen Auslese. Wie jeder weiß, verdanken wir diese Theorie im wesentlichen Charles Darwin; aber wir müssen uns auch klar darüber sein, daß die moderne Evolutionstheorie nicht mehr genau Darwins Theorie ist. Einige seiner Ideen – sein strenger Gradualismus, seine Vorstellungen über die Mischung der Erbmerkmale (»blending inheritance«) und über die Erblichkeit erworbener Eigenschaften – mußten *aufgegeben* werden. Andere – über genetische Variation, über Vererbungsmechanismen und über die Zeiträume der Evolution – mußten erst noch *ausgearbeitet* werden. Wieder andere – die Prinzipien der Populationsgenetik, der Molekularbiologie oder der Soziobiologie – mußten eigens *hinzugefügt* werden, um Darwins Theorie zu vervollständigen und um den Tatsachen der Evolution auch wirklich gerecht zu werden. So muß man paradoxerweise feststellen, daß Darwin selbst gar kein Darwinist oder Neodarwinist im modernen Sinne war.

2. *Die Prinzipien der organismischen Evolution*

Was genau behauptet eine solche moderne Evolutionstheorie? Bittet man jemanden – vielleicht sogar eine Biologin –, die Evolutionstheorie zu charakterisieren, so wird die Antwort unvermeidlich zwei ganz bestimmte Begriffe enthalten: ›Mutation‹ und ›Selektion‹ (oder ›Variation‹ und ›natürliche Auslese‹). Und doch ist diese Antwort völlig unzureichend. Zunächst einmal kann eine Theorie nicht durch ihre *Begriffe*, sondern allenfalls durch ihre *Prinzipien* charakterisiert werden. Außerdem wird der Gesprächspartner in der Regel nicht einmal in der Lage sein, diese Begriffe angemessen zu *definieren*. Und schließlich ist die Evolutionstheorie auch durch die *Prinzipien* von Mutation und Selektion noch nicht ausreichend charakterisiert. (Diese Prinzipien wären

Der Status der Evolutionstheorie 95

zum Beispiel verträglich mit der Existenz einer *einzigen* Population, welche die gesamte Biosphäre beherrscht bzw. darstellt, deren Vertreter sich miteinander fortpflanzen, und die sich langsam fortentwickelt, also evoliert.) Um die Grundzüge unserer Theorie besser kennenzulernen, stellen wir ihre wichtigsten Prinzipien in einer Liste zusammen.

– *Prinzip der Diversität:* Alle Lebewesen sind voneinander *verschieden.* Das gilt schon für die Angehörigen ein und derselben Art, und es gilt, sieht man von geklonten Individuen einmal ab, sogar schon für ihr Erbgut. Diese *Vielfalt des Lebens* ist eines seiner auffälligsten Merkmale. Gleichwohl bilden die tatsächlich existierenden Formen von Lebewesen nur einen winzigen Bruchteil der im Prinzip möglichen.
– *Prinzip der Variation:* Durch Mutationen und genetische Rekombination entstehen laufend *neue* Varianten.
– *Prinzipien der Vererbung:* Diese Variationen sind, soweit sie in die Keimbahn gelangen, erblich, werden also an die nächste Generation weitergegeben. (Die Prinzipien der Vererbung waren Darwin noch nicht bekannt. Sein Rückgriff auf die alte Pangenesis-Lehre erwies sich als nicht haltbar.)
– *Prinzipien der Artbildung:* So kommt es zur *genetischen Divergenz* von Individuen und Populationen; es entstehen neue Arten, deren Vertreter nicht mehr fruchtbar miteinander kreuzbar sind. Das verleiht dem phylogenetischen »Stammbaum« seine charakteristische Verzweigungsstruktur.
– *Prinzip der Überproduktion:* Fast alle Lebewesen erzeugen mehr Nachkommen, als jemals zur Reproduktionsreife kommen können.
– *Prinzip der natürlichen Auslese:* Im Durchschnitt weisen die Überlebenden einer Population solche erblichen Merkmale auf, die ihre Anpassung an die lokale Umgebung erhöhen. Herbert Spencers Redewendung vom

»Überleben der Tauglichsten« (»survival of the fittest«) ist eher irreführend; korrekter spricht man von »unterschiedlicher Vermehrung aufgrund unterschiedlicher Tauglichkeit«, noch etwas vornehmer von »differentieller Reproduktion in Korrelation mit der Gesamtfitness«.

- *Prinzip der Evolution:* Deshalb sind biologische Arten veränderlich. Dieses Prinzip folgt offenbar aus den übrigen; die Veränderlichkeit der Arten wird also durch die vorhergehenden Prinzipien *erklärt.* (Darwin selbst spricht nicht von »Evolution«, weil dieser Begriff zu seiner Zeit noch anderweitig vergeben war, sondern von »transmutation« oder von »descent with modification«. Schon damit steht er in deutlichem Gegensatz etwa zum Kreationismus.)
- *Evolutionsstrategische Prinzipien:* Optimiert werden nicht nur die Organismen, sondern auch die Mechanismen der Evolution: Vermehrungs- und Sterberaten, Lebensdauern, Anfälligkeit gegenüber Mutationen, Mutationsschrittweiten, Evolutionsgeschwindigkeit, Nischenbesetzung, Isolationsprozesse usw.
- *Prinzipien der Anpassung:* Funktionelle, also biologisch zweckmäßige oder Fitness-fördernde Merkmale sind Ergebnisse der natürlichen Selektion, nicht einer teleologischen, zielsetzenden oder zielstrebigen Instanz.

  Dieses Prinzip widerspricht dem traditionellen »argument from/to design«, das die Zweckmäßigkeit organismischer Merkmale dem Wirken eines übernatürlichen Schöpfers zuschreibt. Damit verliert auch der »teleologische Gottesbeweis«, wie ihn etwa William Paley (1743 bis 1805) zu führen versuchte, seine Überzeugungskraft.

  Dagegen wird *nicht* behauptet, daß *jedes* Merkmal einen selektiven Vorteil bieten müsse (Panselektionismus). Aber natürlich ist die Frage nach dem möglichen Selektionswert (Lorenz/Heinroth: Wozu aber hat das Vieh diesen Schnabel?) heuristisch fruchtbar und deshalb immer erlaubt.

Der Status der Evolutionstheorie 97

- *Prinzip der ökologischen Nischen:* Konkurrierende Arten können einander tolerieren, wenn sie unterschiedliche Ökonischen (»Lebensräume« im weiten Sinne) besetzen, vielleicht sogar selbst schaffen. Nur so ist – trotz Konkurrenz und natürlicher Auslese – die beobachtete Artenvielfalt möglich.
- *Prinzip des Gradualismus:* Variationen erfolgen in kleinen Schritten, klein verglichen mit der vorhandenen genetischen Information oder mit der gesamten funktionellen Komplexität eines Organismus. Deshalb sind phylogenetische Veränderungen graduell und vergleichsweise langsam.

  Dieses Prinzip schließt die plötzlichen großen Entwicklungssprünge des *Saltationismus*, des sprunghaften Typenwandels, und erst recht Cuviers Katastrophentheorie aus. Unterschiedliche Evolutionsgeschwindigkeiten schließt es dagegen *nicht* aus. Tatsächlich verläuft die organismische Evolution mal schnell, mal langsam. Je nach Perspektive können die Phasen schneller Evolution geologisch oder paläontologisch dann durchaus den Eindruck einer sprunghaften (»punktierten«) Entwicklung erwecken.
- *Prinzip der diskreten genetischen Einheiten:* Die Erbinformation wird in diskreten (»atomaren«) Einheiten gespeichert, übertragen und geändert. Deshalb verläuft auch die biologische Evolution – genaugenommen – *diskontinuierlich*, also in vielen kleinen, diskreten Sprüngen. Das steht nur scheinbar im Widerspruch zum Gradualismus: Betrachtet man ganze Populationen, Ökosysteme, Biotope oder gar die gesamte Biosphäre, so kann man diese Verläufe ohne merkliche Fehler durch *kontinuierliche* Funktionen darstellen (»simulieren«).
- *Prinzip der blinden Variation:* Die genannten Variationen werden zwar *ausgelöst, bewirkt, verursacht* und sind in diesem Sinne nicht zufällig oder ursachelos; sie sind jedoch nicht auf bestimmte Merkmale oder Anpassungen ausgerichtet, sondern im Hinblick auf ihre Auswirkungen

98   *Der Status der Evolutionstheorie*

blind. Zufallsprozesse in diesem Sinne sind Mutationen, genetische Rekombinationen, Schwankungen der Populationsgröße und die daraus sich ergebende genetische Drift (Sewall Wright) oder die Neutralevolution (Motoo Kimura).

– *Prinzip der Irreversibilität:* Der Gang der Evolution ist irreversibel und unwiederholbar. Die Gründe dafür liegen in der Komplexität der Lebewesen und der beteiligten Prozesse, in der daraus folgenden Vielfalt der Möglichkeiten und in der blind gestaltenden Rolle des Zufalls.

– *Prinzip der Nichtvorhersagbarkeit:* Der Gang der Evolution ist nicht determiniert, nicht programmiert, nicht zielgerichtet und deshalb nicht vorhersagbar. Ausnahmen bilden einige Prozesse der *Mikroevolution*, etwa bei Mimikry, und einige qualitative *Trends*.

Offenbar antwortet dieses Prinzip nicht auf die Frage »Was ist da draußen der Fall?«, sondern auf die Frage »Was können wir darüber wissen?«. Genaugenommen handelt es sich hier also gar nicht um ein Prinzip der Evolutions-, sondern der Wissenschaftstheorie. Für die Frage nach der Leistungsfähigkeit der Evolutionsbiologie und damit auch für ihre Beurteilung spielt es jedoch eine wichtige Rolle.

– *Prinzip des Opportunismus:* Evolutive Prozesse sind äußerst opportunistisch: Sie arbeiten ausschließlich mit dem, was vorhanden ist, nicht mit dem, was es einmal gab oder geben könnte. Bessere oder optimale Lösungen werden nicht gefunden, wenn die erforderlichen evolutiven Zwischenstadien deutliche Fitness-Nachteile mit sich bringen.

– *Prinzip wachsender Komplexität:* Die biologische Evolution hat im allgemeinen zu immer komplexeren Systemen geführt.

Für Komplexität gibt es noch kein allgemein anerkanntes Maß. Doch zeigen die meisten ernsthaft diskutierten

Komplexitätsmaße in die gleiche Richtung: Ist also ein System nach dem einen Maß komplexer als ein anderes, so ist es auch nach den meisten anderen Maßen komplexer. Jedes dieser gleichsinnigen Maße kann man benützen, um für Organismen eine Komplexitätsleiter aufzustellen.

Ob man eine solche Komplexitätszunahme dann *Fortschritt* nennen soll, ist dagegen eher eine Geschmacksfrage. Da im Fortschrittsbegriff eine *Wertung* enthalten ist, gibt es dafür kein natürliches Maß. Man kann sich jedoch entschließen, ein Fortschrittsmaß einzuführen. Es wird sich fast immer an den Besonderheiten des Menschen orientieren, also anthropozentrisch sein. Das entspricht unserer Intuition für Entwicklungshöhe, und dagegen ist auch nichts einzuwenden.

Die beobachtete Komplexitätszunahme ist kein Naturgesetz; es gibt nicht einmal einen Komplexitätserhaltungssatz. In der Zukunft kann und wird die Komplexität der Welt und auch der Biosphäre wieder abnehmen. An der derzeitigen Komplexitätsabnahme durch den Verlust zahlreicher Arten ist der Mensch sogar aktiv beteiligt.

3. Wissenschaftstheorie

Wissenschaftstheorie ist eine typische Metadisziplin. Sie untersucht nicht die reale Welt, sondern unser Wissen über diese Welt (und über einiges andere, etwa über mathematische Strukturen oder über die Merkmale rationaler Entscheidungen); insbesondere untersucht sie die Methoden, mit denen wir solches Wissen erlangen. Die Wissenschaftstheorie könnte also ein Teilgebiet der Erkenntnistheorie angesehen werden. Allerdings betrachtet sie nicht alle Arten von Erkenntnis, sondern konzentriert sich auf wissenschaftliche Erkenntnis als die höchste Form menschlichen Erkennens.

Die Wissenschaftstheorie hat mehrere Ziele oder Aufgaben: Sie beschreibt und erklärt, wie wissenschaftliche Erkenntnis zustande kommt, sie ordnet und verschärft wissenschaftliche Begriffe, Hypothesen und Theorien, und sie macht Vorschläge zur Verbesserung. Als *deskriptives* Unternehmen untersucht sie das Vorgehen der Wissenschaft, die Struktur und den Wandel wissenschaftlicher Theorien, das Verhältnis zwischen Erfahrung und wissenschaftlicher Erkenntnis. Als *normative* Disziplin prüft sie aber auch, wie Wissenschaft vorgehen *sollte*, und gibt Ratschläge, was Wissenschaftler tun sollten, um *gute* Wissenschaft zu machen.

Die Wissenschaftstheorie hat zu interessanten Ergebnissen geführt, die hier nicht aufgezählt werden können. Eines ihrer Hauptergebnisse ist die Einsicht in den vorläufigen, fehlbaren, hypothetischen, in den *Vermutungscharakter allen Tatsachenwissens*, auch der wissenschaftlichen Erkenntnis. Zwar hatten leidenschaftliche Skeptiker so etwas schon seit der Antike und insofern »schon immer« behauptet; aber die moderne Wissenschaftstheorie hat diese Auffassung durch neue und bessere Argumente wesentlich gestärkt (wenn auch natürlich nicht endgültig bewiesen). Wäre wissenschaftliche Erkenntnis sicher, könnte also die Wahrheit wissenschaftlicher Theorien doch irgendwie bewiesen werden, dann könnten wir auf andere Kriterien leicht verzichten, jedenfalls solange Erkenntnis überhaupt als ein Ziel der Wissenschaft beibehalten wird. Wenn jedoch menschliches Erkennen fehlbar ist, wenn selbst wissenschaftliche Theorien, die doch den eindrucksvollsten Bestandteil menschlichen Wissens bilden, niemals bewiesen werden können, dann müssen wir uns nach anderen Bewertungskriterien umsehen, nach Merkmalen und Eigenschaften jenseits der Beweisbarkeit.

Solche Kriterien hat die Wissenschaftstheorie tatsächlich entwickelt. Sie unterscheidet dabei *notwendige* und *erwünschte* Merkmale. Notwendige Merkmale einer »guten« erfahrungswissenschaftlichen Theorie sind:

Der Status der Evolutionstheorie 101

- *Zirkelfreiheit:* Sie darf keine vitiösen Definitions-, Beweis-, Erklärungs- oder Begründungszirkel enthalten.
- *Innere Widerspruchsfreiheit (interne Konsistenz):* Sie darf keinen logischen Widerspruch enthalten oder auf einen solchen führen.
- *Äußere Widerspruchsfreiheit (externe Konsistenz):* Sie darf anderen als wahr akzeptierten Theorien nicht widersprechen. (Welche Theorie im Falle eines Widerspruchs verworfen werden muß, folgt hieraus offenbar nicht. Doch können wir Theorien, die einander widersprechen, eben nicht beide als wahr akzeptieren.)
- *Erklärungswert:* Sie muß beobachtete Tatsachen erklären.
- *Prüfbarkeit:* Sie muß mögliche empirische Befunde nennen, durch die sie bestätigt würde (wenn sie wahr ist) bzw. widerlegt würde (wenn sie falsch ist).
- *Testerfolg:* Sie muß allen empirischen Tests auch tatsächlich standhalten.

Andere Merkmale sind willkommen, aber nicht unabdingbar, Allgemeinheit etwa (oder sogar Universalität), Tiefe, Genauigkeit, Einfachheit, Anschaulichkeit, Voraussagekraft, Wiederholbarkeit der einschlägigen Effekte, Fruchtbarkeit. Sie sind zwar nicht unentbehrlich, können aber helfen, zwischen konkurrierenden Theorien zu entscheiden, die hinsichtlich der notwendigen Merkmale gleichwertig sind.
Über diese Kriterien, ihre Bedeutung und Reichweite, ihre Geschichte und Anwendung, ihre wechselseitigen Beziehungen und ihre Motivationen, ließe sich noch viel sagen. Im folgenden werden wir jedoch lediglich die notwendigen Kriterien auf die Evolutionstheorie anwenden. Wir tun dies in Form einer Tabelle, die der obigen Liste folgt. Es stellt sich heraus, daß die Evolutionstheorie im Hinblick auf jedes der genannten Merkmale kritisiert worden ist. So eignet sich die Evolutionstheorie auch sehr gut zur Präsentation wissenschaftstheoretischer Überlegungen.

4. Einwände und Meta-Einwände zur Evolutionstheorie

Kriterien	Einwände gegen die Evolutionstheorie (erhoben etwa von)	Gegenargumente zur Verteidigung der Evolutionstheorie (vorgebracht etwa von)
Zirkelfreiheit	Die Definition der Fitness ist letztlich zirkulär; das Selektionsprinzip ist deshalb tautologisch (»survival of the survivor«). Damit ist die zentrale Aussage der Selektionstheorie analytisch, also leer, sie behauptet oder erklärt nichts. (Waddington 1957; Lewontin 1962; Popper 1974; Peters 1976; Rosen 1978)	Es ist durchaus möglich, Fitness zu *definieren*, ohne dabei auf das *langfristige* Überleben zurückzugreifen. (Ruse 1977) Eigens »Wertfunktion« liefert sogar ein *quantitatives* Maß für Fitness: $W = A \times Q - D$; dabei werden Vermehrungsfaktor A, Qualitätsfaktor Q und Zerfallsanteil D unabhängig vom langfristigen Überleben definiert, erlauben es aber durchaus, letzteres vorauszusagen. (Eigen 1971) Fitness unabhängig vom langfristigen Fortpflanzungserfolg zu *messen*, ist allerdings sehr schwierig.
Innere Widerspruchsfreiheit	Evolution soll zu *neuen* Eigenschaften, *neuen* Strukturen, *neuen* Systemen führen. ›E-volvieren‹ bedeutet aber ›aus-rollen‹, ›aus-wickeln‹, ›ent-falten‹. Sich entrollen können aber nur Dinge, die bereits vorhanden sind. Somit kann Evolution nie zu wirklich Neuem führen. (Locker 1983)	Die Bedeutung eines Wortes ergibt sich nicht aus seiner Etymologie, sondern aus seiner Definition, aus seinem Gebrauch, aus dem Verwendungszusammenhang. Das Wort ›Evolution‹ bedeutet das, was wir es bedeuten lassen, entweder durch eine explizite Definition oder durch den Gebrauch, den wir davon machen. Und wenn wir es so gebrauchen, daß es das Auftreten neuer Merkmale erlaubt oder sogar bedeutet, dann gibt es keinerlei Widerspruch.

Kriterien	Einwände gegen die Evolutionstheorie (erhoben etwa von)	Gegenargumente zur Verteidigung der Evolutionstheorie (vorgebracht etwa von)
Äußere Widerspruchsfreiheit	Zwischen Physik und Evolutionstheorie bestehen zahlreiche Widersprüche	
	a) *Das Gravitationsgesetz:* Steine fallen, Vögel fliegen.	Das Gravitationsgesetz ist universell. Vögel besitzen jedoch mehr Freiheitsgrade, die es ihnen erlauben, die Gesetze der Aerodynamik zu nützen.
	b) *Das Alter der Sonne:* Nach Lord Kelvin bezieht die Sonne ihre Energie aus gravitativer Schrumpfung; danach könnte sie nur für einige Millionen Jahre stabil gestrahlt haben. Nach Darwins Theorie muß die Evolution jedoch viel länger gedauert haben. (Darwin betrachtete das als einen der schwerwiegendsten Einwände gegen seine Theorie.)	Dieser Widerspruch wurde aufgelöst durch die Entdeckung einer neuen Energiequelle, die dem 19. Jahrhundert unbekannt war: der Kernfusion. Sterne setzen Energie frei, indem sie leichte Atomkerne zu schwereren verschmelzen. Bei der Sonne reicht diese Energiequelle etwa zehn Milliarden Jahre; davon sind bisher fünf verstrichen. (Bethe 1937; v. Weizsäcker 1937)
	c) *Der Entropiesatz:* Nach dem Gesetz über das Anwachsen der Entropie sollte die *Unordnung* immer nur zunehmen. Ursprung, Entwicklung und Evolution der Organismen entsprechen jedoch einer Zunahme an *Ordnung.* Somit widersprechen Leben und Evolution der Thermodynamik, also der Physik. (Heitler 1967)	α) Der Entropiesatz gilt nur für *abgeschlossene* Systeme. Organismen sind jedoch *offene* Systeme. Sie erniedrigen ihre Entropie auf Kosten ihrer Umwelt. (v. Bertalanffy 1932) β) Außerdem ist Entropie nicht immer ein Maß für Unordnung. Unter bestimmten Bedingungen (Existenz anziehender Kräfte und niedrige Gesamtenergie) sind Zustände höherer Ordnung sogar Zustände höherer Entropie. (v. Weizsäcker 1974)

Kriterien	Einwände gegen die Evolutionstheorie (erhoben etwa von)	Gegenargumente zur Verteidigung der Evolutionstheorie (vorgebracht etwa von)
Erklärungs-wert	Die Theorie der natürlichen Auslese mag ja einiges erklären, zum Beispiel die intraspezifische Evolution (oder Mikroevolution). Sie ist jedoch unfähig, die *Makroevolution* zu erklären, also das Auftreten neuer systematischer Einheiten (Arten, Gattungen, Klassen usw.). Somit ist die Evolutionstheorie in ihrer Standardform zumindest *unvollständig*. Eine vollständige Theorie wird weitere Faktoren heranziehen, etwa die Vererbung erworbener Eigenschaften (Lamarck, Darwin, Kammerer, Steele 1978), Makromutationen (T. H. Huxley), »hopeful monsters« (Goldschmidt 1940), kybernetische Regulationen (Schmidt 1985), Gruppenselektion (Wynne-Edwards 1962), interne Selektion (Gutmann 1981).	Die Evolutionstheorie ist tatsächlich unvollständig. Vieles ist immer noch unerklärt. (Wie entstehen etwa *neue* Gene? Bloße Genverdopplung reicht dafür wohl nicht aus.) Es sollte jedoch deutlich sein, daß die Evolutionstheorie nicht auf Mutation und Selektion beschränkt ist und dies auch niemals war. Zahlreiche Prinzipien wurden ihr bereits hinzugefügt (vgl. Abschn. 2). Ob noch weitere Evolutionsfaktoren erforderlich sind, soll hier nicht entschieden werden.
Prüfbarkeit	Die Evolutionstheorie kann keine Voraussagen machen. Also kann sie nicht in der Erfahrung geprüft, insbesondere nicht falsifiziert werden. Sie ist daher gar keine erfahrungswissenschaftliche Theorie, sondern nur ein – zugegebenermaßen fruchtbares – *metaphysisches Forschungsprogramm*. Erst durch Hinzunahme weiterer konkreter Hypothesen und	α) Die Evolutionstheorie ist viel reicher, als dieser Einwand nahelegt. Tatsächlich ist sie sogar imstande, falsifizierbare Prognosen zu machen. (Williams 1973) β) Selbst wenn sie wirklich nichts voraussagen könnte, so kann sie doch auf jeden Fall falsifizierbare *Retrodiktionen* (Nachhersagen) machen. Im Hinblick auf Prüfbarkeit haben Retrodiktionen das gleiche

Kriterien	Einwände gegen die Evolutionstheorie (erhoben etwa von)	Gegenargumente zur Verteidigung der Evolutionstheorie (vorgebracht etwa von)
	Theorien können prüfbare Aussagen gewonnen werden. (Popper 1974)	Gewicht wie Voraussagen. (Ruse 1977) γ) Selbst wenn die Evolutionstheorie wirklich nicht falsifizierbar wäre, so macht es doch immer noch einen gewaltigen *Unterschied*, ob von hundert Existenzbehauptungen nur fünf bestätigt sind oder eher fünfundneunzig. (Scriven 1959) δ) Falsifizierbarkeit ist nicht allein entscheidend für die Beurteilung einer wissenschaftlichen Theorie. Dieses Kriterium aus der Physik in die Biologie zu übertragen, ist ungerechtfertigter Imperialismus. (Bunge 1967) ε) Popper selbst hat sein Urteil über die Evolutionstheorie widerrufen. 1977 erklärte er, die Theorie der natürlichen Auslese sei doch eine *prüfbare* Theorie. (Popper 1978)
Testerfolg	Die Evolutionstheorie ist empirisch widerlegt. In der Welt der Lebewesen gibt es viele Tatsachen, die dieser Theorie widersprechen. (Kreationisten, Fundamentalisten; Illies, W. Kuhn, Wilder Smith)	Sollte das so sein, so wäre die Evolutionstheorie immerhin widerlegbar. (Man kann ihr also nicht beide Vorwürfe zugleich machen: den der Unprüfbarkeit und den der empirischen Falschheit.) Tatsächlich ist jedoch bisher kein Faktum bekannt, das der Evolutionstheorie widersprechen oder sie widerlegen würde. Freilich gibt es noch viele ungelöste Probleme. Viele Kritiker verwechseln die bestehende Unvollständigkeit der Evolutionstheorie mit Falschheit.

5. Schluß

Die Biologie unterscheidet sich in vielem von der Physik. Es wäre deshalb ein Fehler, die Biologie mit den Maßstäben der Physik zu messen. Beide Wissenschaften haben ihre eigene Art von Einheit. Die Einheit der Physik beruht vor allem auf ihren grundlegenden Gesetzen und auf der Möglichkeit, viele Phänomene auf diese Grundgesetze zurückzuführen. Die Einheit der Biologie wurzelt dagegen in der Evolutionstheorie. Mit Dobzhansky können wir sagen: »Nichts in der Biologie hat Sinn außer im Lichte der Evolution.«

Eine Theorie der biologischen Evolution gibt es seit Darwin. Sie war und ist Gegenstand zahlreicher Kritiken. Sie wurde korrigiert und ergänzt, und sie ist gewiß noch nicht vollständig. Den meisten Kritiken hat sie jedoch standgehalten. Auf Darwin kann die Biologie deshalb genauso stolz sein wie die Physik auf Newton.

Evolution und Projektion
Grundzüge der Evolutionären Erkenntnistheorie

Eine wichtige Frage der Erkenntnistheorie lautet: Wieso können wir eigentlich die Welt erkennen? Diese Frage hat zunächst noch nichts mit Biologie zu tun. Die Evolutionäre Erkenntnistheorie gibt darauf jedoch eine biologisch orientierte Antwort: Unser Erkenntnisapparat ist ein Ergebnis der biologischen Evolution. Das erklärt viele seiner Leistungen und Fehlleistungen.

Die Evolutionäre Erkenntnistheorie wurde – nach Andeutungen bei Darwin und weiteren Denkern – vor allem von Konrad Lorenz entwickelt, nach ihm dann auch von Willard Van Orman Quine, Donald Campbell, Karl Popper, Gerhard Vollmer, Rupert Riedl und anderen. Der Name »evolutionary epistemology« stammt von Campbell.

Der Autor dieser Aufsatzsammlung hat die Evolutionäre Erkenntnistheorie in den Jahren 1968 bis 1973 zunächst unabhängig von Konrad Lorenz ausgearbeitet und ab 1975 dazu zahlreiche Beiträge veröffentlicht. Ein kurzer Text wie der folgende kann also nur eine Einführung bieten.

Nach einer Explikation des verwendeten Erkenntnisbegriffs wird dessen Problematik am Beispiel der Wahrnehmung erläutert. Der Text betont den Passungscharakter unserer Wahrnehmungs- und – allgemeiner – unserer Erkenntnisstrukturen und stellt dann Hauptthesen, Merkmale, Voraussetzungen und weitere Antworten der Evolutionären Erkenntnistheorie zusammen. Den Schluß bilden Hinweise auf die Beschränkungen und die künftigen Aufgaben der Evolutionären Erkenntnistheorie.

Der Beitrag erschien zunächst in der Zeitschrift »Information Philosophie«, wurde dann mehrfach nachgedruckt und ist auch auf englisch erschienen.

Evolution und Erkenntnis

Die Evolutionäre Erkenntnistheorie ist eine junge Disziplin, die philosophische und einzelwissenschaftliche Elemente miteinander verbindet. Sie geht von der These aus,
daß Erkennen eine Gehirnfunktion und als solche zugleich
ein Ergebnis der biologischen Evolution ist; sie untersucht
die Argumente, die für oder gegen eine solche Auffassung
sprechen, und prüft ihre erkenntnistheoretischen Konsequenzen. Sie stützt sich dabei auf Befunde der Wahrneh-
mungs-, Entwicklungs- und Lernpsychologie, der Linguistik, der Neurophysiologie, der vergleichenden Verhaltensforschung, der Genetik, vor allem aber der Evolutionstheorie in ihrer heute anerkannten Form.
Grundgedanken zur Evolutionären Erkenntnistheorie finden sich schon bei Darwin und bei vielen späteren Autoren.
Während die meisten es jedoch bei Andeutungen bewenden
lassen, weil weder Philosophen noch Biologen sich zu weit
in eine fremde Disziplin vorwagen wollen, nimmt Konrad
Lorenz in den vierziger Jahren die entscheidende Verkopplung von Evolutionstheorie und Erkenntnistheorie vor.
Seine Aufsätze bleiben jedoch ungelesen oder unverstanden,
bis schließlich in den siebziger Jahren die Thesen der Evolutionären Erkenntnistheorie durch Arbeiten von Lorenz,
Campbell, Vollmer und Riedl weiterentwickelt und allgemein zugänglich gemacht werden.

Was ist Erkenntnis?

Es ist nicht einfach, den Begriff »Erkenntnis« zirkelfrei zu
definieren. Wir begnügen uns hier mit einer Arbeitsdefini-
tion, einer partiellen Charakterisierung: Wirklichkeitserkenntnis ist eine adäquate (interne) Rekonstruktion und
Identifikation äußerer Objekte.
In unserer Explikation beschränken wir uns auf Wirklich-

keitserkenntnis. Zwar gibt es auch logische und mathematische Erkenntnis; die Strukturwissenschaften kommen jedoch mit einem schwächeren Erkenntnisbegriff aus. Realerkenntnis muß neben formalen Bedingungen wie Widerspruchsfreiheit weitere Kriterien erfüllen; vor allem muß sie sich auf Objekte der realen Welt beziehen. Darüber hinaus soll sie zutreffend, richtig, wahr sein. Eine solche normative Bedingung steckt auch schon im Begriff der Rekonstruktion. Eine reine Konstruktion wäre gänzlich frei; eine *Re*konstruktion muß dem eigentlichen Objekt strukturgleich sein.

Wesentliches Merkmal der (erhofften) Wirklichkeitserkenntnis ist also die (erhoffte) Isomorphie. Ethische, ästhetische, religiöse, mystische »Erkenntnis« erfüllen diese Forderungen nicht (oder jedenfalls nicht in nachprüfbarer Weise) und bleiben deshalb unberücksichtigt.

Ein Beispiel

Bei genauem Hinsehen wird man das zweidimensionale Strichgebilde in Abb. 1 als dreidimensionales Objekt *interpretieren* können: Ein kleiner Würfel ist aufgehängt in einem größeren, wobei entsprechende Ecken paarweise und schräg miteinander verbunden sind. Haben wir damit das Objekt erkannt? Das hätten wir, wenn es sich tatsächlich nur um ein Drahtgebilde handelte. Aber wir können mit unserer Rekonstruktion noch weitergehen und die Zeichnung als Darstellung eines vierdimensionalen Würfels (in Zentralprojektion) deuten.

Zwischen Würfel und Tesserakt besteht allerdings nicht nur ein quantitativer Unterschied in der Dimensionszahl. Einen dreidimensionalen Würfel kann man sich – sogar bei geschlossenen Augen – *anschaulich vorstellen*, einen vierdimensionalen Hyperwürfel dagegen nicht. Offenbar reicht unser Anschauungsvermögen nur für drei Dimensionen.

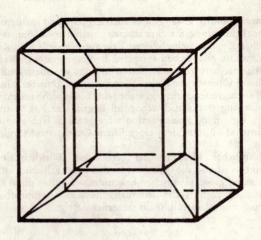

Abb. 1. Ein solcher Hyperwürfel oder Tesserakt ist eine »Verallgemeinerung« des gewöhnlichen Würfels, wie dieser ein dreidimensionales Analogon zum gewöhnlichen Quadrat darstellt.

Die Rekonstruktion des Würfels kann deshalb sehr wohl in unserer Anschauung erfolgen; die des Tesserakts gelingt nur mit Hilfe logischer, mathematischer, intellektueller Hilfsmittel.

Wahrnehmung als Interpretationsleistung

Was wir am Würfel einsehen, gilt ganz allgemein: Jede Wahrnehmung ist schon eine *Interpretation* von Sinnesdaten. Die Interpretation kann schwierig sein, sie kann umöglich sein, sie ist nicht immer eindeutig, und sie kann auch

Evolution und Projektion   111

falsch sein. Das zeigen Suchbilder, unmögliche Figuren, doppeldeutige Zeichnungen, optische und andere Sinnestäuschungen. Solche Fehlleistungen können jedoch nicht die Tatsache verdecken, daß unsere Wahrnehmungsmechanismen im allgemeinen recht zuverlässig arbeiten. Es bedarf besonderer Aufmerksamkeit, sorgfältiger Überlegung und gezielter Experimente, sie zu überlisten, so daß sie eine falsche Interpretation liefern. Im Normalfall ist die Rekonstruktion durchaus korrekt.

Ein projektives Erkenntnismodell

Wie beim Würfel können wir auch sonst das Verhältnis zwischen realer Welt, erkennendem Subjekt und (vermeintlicher oder tatsächlicher) Erkenntnis *projektiv* deuten. Die realen Objekte werden – durch Licht, Schallwellen, chemische Substanzen, Wärmestrahlung oder Gravitationsfelder – projiziert auf unsere Sinnesorgane, die meist an der Körperoberfläche liegen. Auch technische Geräte, Beobachtungs- und Meßinstrumente, Fernrohre, Mikrophone, Thermometer, Kompaß oder Geigerzähler, dienen lediglich der Verbreiterung dieses Projektions-»Schirmes«, der Übersetzung von Projektionssignalen in solche, die unser natürlicher Apparat verarbeiten kann.

Im Erkenntnisprozeß versuchen wir dann, die Objekte aus ihren Projektionen zu *rekonstruieren*. Da jede Projektion mit einem Informationsverlust verbunden ist, muß diese Information bei der Rekonstruktion wenigstens teilweise wieder zurückgewonnen werden. Natürlich bleibt diese Rekonstruktion *hypothetisch*. So spiegelt das projektive Modell ein wichtiges Ergebnis der Erkenntnis- und Wissenschaftstheorie: *Alles Tatsachenwissen ist hypothetisch.*

112 *Evolution und Projektion*

Stufen der Wirklichkeitserkenntnis

Akzeptiert man – wenigstens versuchsweise – die gegebene
Explikation, so kann man mindestens drei Erkenntnisstufen unterscheiden: Wahrnehmungserkenntnis, Erfah-
rungserkenntnis und theoretische (oder wissenschaftliche)
Erkenntnis. In der Wahrnehmung erfolgt die interne Rekonstruktion und Identifikation von Objekten, also das Erkennen, in der Regel *unbewußt* und *unkritisch*, meist sogar
unkorrigierbar. In der Erfahrung, die sprachliche Formulie-
rungen, einfache logische Schlüsse, Beobachtung und Verallgemeinerung, Abstraktion und Begriffsbildung einschließt,
erfolgt sie dagegen *bewußt*, allerdings ebenfalls noch unkritisch. In der Wissenschaft schließlich, die auch Logik,
Modellbildung, mathematische Strukturen, Kunstsprachen,
externe Datenspeicher, künstliche Intelligenz und eine in-
strumentell erweiterte Erfahrung zu Hilfe nimmt, erfolgt
die Rekonstruktion bewußt und *kritisch*; freilich muß dafür
häufig *Unanschaulichkeit* der postulierten Strukturen in
Kauf genommen werden. Ein weiterer Gegensatz ist für
unsere Überlegungen von entscheidender Bedeutung: Wissenschaftliche Erkenntnis ist ein Phänomen der letzten
Jahrhunderte, allenfalls Jahrtausende; Wahrnehmung und
Erfahrung gibt es dagegen schon seit Jahrmillionen.

Erkenntnistheorie deskriptiv oder normativ?

Unsere Explikation spiegelt auch den Doppelcharakter des
Begriffs »Erkenntnis«. Erkenntnis bezeichnet sowohl einen
Prozeß (das Erkennen) als auch dessen Resultat (das Wissen). Das gilt aber auch für die Begriffe »Rekonstruktion«
und »Identifikation«: Auch sie stehen gleichzeitig für Vorgänge wie für deren Ergebnisse.
Erkenntnistheorie als »Lehre vom Erkennen« hat sich immer um beide Aspekte bemüht. Dabei hat sie als Theorie

Evolution und Projektion   113

des Erkenntnisprozesses eher beschreibenden und erklären-
den, als Theorie des Wissens eher explikativen und normativen Charakter. Wollte man die Aufgabe der Erkenntnistheorie auf Explikation und Normierung (oder gar auf die
Untersuchung von Geltungsansprüchen) beschränken und
alles andere als »Erkenntnismetaphysik« abschütteln, so
würde man nicht nur wesentliche Teile traditioneller Erkenntnistheorie gewaltsam (und gewiß entgegen deren
Selbstverständnis) ausklammern, sondern sich gerade wichtiger Mittel zur Klärung von Erkenntnisansprüchen bege-
ben. Zwar kann man nicht von faktischen Erkenntnissen
(über kognitive Systeme) auf (erkenntnistheoretische) Normen *schließen*, aber *ohne* die Berücksichtigung solcher Fakten wird man erkenntnistheoretische Probleme erst recht
nicht lösen können. Gerade durch ihre empirische Orientierung, durch ihre Verkopplung deskriptiver und normativer
Funktionen, durch ihre Berücksichtigung dessen, was der
Fall ist, sind neuere erkenntnistheoretische Ansätze wie
Piagets Genetische Erkenntnistheorie, Chomskys Universelle Grammatik oder die Evolutionäre Erkenntnistheorie
so fruchtbar geworden.

Wie kommt Erkenntnis zustande?

Diese uralte Frage hat viele verschiedene Antworten erhalten. Da diese Antworten einander häufig widersprechen,
müssen die meisten von ihnen falsch sein. (Das sollte sich
jeder Philosophiestudent gelegentlich klarmachen!) Es ist
jedoch nicht Aufgabe oder Absicht dieses Beitrags, einen
historischen Abriß erkenntnistheoretischer Positionen zu
geben. Wir können nur einige Grundeinsichten zusammen-
stellen, die für die Evolutionäre Erkenntnistheorie wesentlich sind.
Erkenntnis kommt zustande durch ein konstruktives Zusammenwirken von erkennendem Subjekt und zu erken-

114   *Evolution und Projektion*

nendem Objekt. Der Beitrag des Subjekts kann perspektiv, selektiv oder konstruktiv sein. Damit ein solches Zusammenspiel erfolgreich ist, müssen die beiden konstitutiven Elemente aufeinander *passen*. Dieser Passungscharakter darf durchaus im werkzeugtechnischen Sinne aufgefaßt werden. Wie ein Schlüssel in ein bestimmtes Schloß paßt (in andere aber nicht), ein Schraubenzieher sich für den Umgang mit Schrauben eignet (für den mit Muttern dagegen nicht), so passen die Strukturen unseres Erkenntnisapparates auf einige Objekte der realen Welt (und auf andere nicht). Subjektive und objektive Strukturen passen also zumindest in dem Sinne aufeinander, daß sie *zusammen Erkenntnis ermöglichen*.

Es könnte auch anders sein. Es wäre denkbar, daß es gar keine Erkenntnis gibt, keine erkennenden Wesen, keine Erkenntnisleistungen, keine Erkenntnisse. Es könnte sein, daß alle Ansätze zur Erkenntnisgewinnung scheitern, daß alle Erkenntniswerkzeuge untauglich sind. Aber so ist es nicht: Erkenntnis existiert. Das ist ein *empirisches* Faktum, das die Evolutionäre Erkenntnistheorie – wie andere Erkenntnistheorien – zu beschreiben und zu erklären versucht. Die Tatsache der Passung ist dabei eine *Minimalbedingung* für das Zustandekommen von Erkenntnis.

Der Passungscharakter unserer Erkenntnisstrukturen

Dieser Passungscharakter ist nicht auf die Dimensionalität von Welt und Anschauungsraum beschränkt; er erstreckt sich auf viele weitere Strukturmerkmale unserer Wahrnehmung und unserer Erfahrung. Zwar mag man zunächst Mühe haben, solche Passungen zu benennen. Man braucht aber nur ein Lehrbuch der Sinnesphysiologie aufzuschlagen, um ihnen zu begegnen. Allerdings erscheinen sie dort nicht unter dem Leitgedanken der Passung, sondern der *Funktion*. Wie aber ein Werkzeug nur funktioniert, wenn

Evolution und Projektion 115

und insoweit es auf das Werkstück paßt, so funktionieren auch das Auge, das Ohr, der Gleichgewichtssinn, das Gehirn nur, weil sie auf die Gegebenheiten der Umwelt passen.

Als Belege werden in der Regel Eigenschaften des menschlichen *Auges* herangezogen: Empfindlichkeitsbereich im optischen Fenster der Erdatmosphäre und um das Intensitätsmaximum der Sonnenstrahlung, untere Empfindlichkeitsschwelle an der Rauschgrenze des (statistisch fluktuierenden) Photonenstroms, höhere Dichte der schwarzweiß-empfindlichen Stäbchen (für Dunkelsehen) usw. Gleiches gilt aber auch für alle anderen Informationskanäle.
Das *Ohr* eignet sich besonders für das Hören in Luft (und deshalb nicht mehr wie das der Fische für Wasser). Es erlaubt Druckausgleich und überdeckt weite Frequenz- und Intensitätsbereiche; seine untere Empfindlichkeitsschwelle hinsichtlich der Schallintensität liegt beim informationslosen Rauschen der Brownschen Molekularbewegung und des Blutstroms; es erschließt Richtung und Entfernung der Schallquelle, erlaubt also auch räumliches Hören.
Weitere Beispiele sind das subjektive Zeitquant, die subjektive Zeitwahrnehmung (innere Uhr), die kausale Interpretation von Ereignisfolgen, die Erwartung von Regularitäten, das elementare Schließen.

Kongruenzen

Räumliche Anschauung beruht auf einer erstaunlichen Rekonstruktionsleistung. In einem zweidimensionalen Bild sehen wir einen dreidimensionalen Würfel. Auch sonst werden aus zweidimensionaler Netzhautinformation dreidimensionale Objekte rekonstruiert. Vierdimensionale Objekte wie den Hyperwürfel können wir uns allerdings nicht anschaulich machen. Aber solche Objekte gibt es in unserer Welt ja auch gar nicht; diese Welt und die darin vorkommenden Gegenstände sind nur dreidimensional. Insofern wird auch unser beschränktes Anschauungs- und Vorstellungsvermögen dem Aufbau und den Anforderungen unserer Umwelt durchaus gerecht.
Mehr noch, in diesem und in vielen anderen Fällen besteht

116   *Evolution und Projektion*

zwischen der Struktur der Welt und unserer subjektiv vor-
genommenen Rekonstruktion sogar *Übereinstimmung*: Wir
erleben die Welt dreidimensional; und wir wissen aus der
Physik, daß diese Deutung *korrekt* ist. Unser Zeiterleben
vermittelt uns einen tiefgehenden Unterschied zwischen
Vergangenheit und Zukunft; und die Physik lehrt uns, daß
dieser Zeitpfeil *objektiven* Charakter hat. (Allerdings liegt
er – entgegen unserer Erwartung – nicht in den Naturgesetzen, sondern in den Anfangsbedingungen des Universums.)
Subjektiv geben wir vielen Ereignisfolgen eine kausale Deutung, anderen nicht; und die physikalische Analyse zeigt,
daß es *tatsächlich* einen Unterschied zwischen regelmäßig-
iger Abfolge und Kausalverhältnissen gibt: den Energieüber-
trag.
Es sei jedoch betont, daß die schon erwähnten Passungen
keineswegs *immer* auch Übereinstimmung bedeuten. Der
(psychologische, subjektive) Farbenkreis ist geschlossen
und besteht aus quasi-diskreten Farben; der sichtbare Ausschnitt des (physikalischen, objektiven) elektromagnetischen Spektrums ist dagegen an zwei Seiten offen, völlig
kontinuierlich und enthält auch nicht die »erfundene« Farbe
Purpur. Trotzdem handelt es sich auch hier um eine ausgezeichnete und nützliche Passung, da erst der Farbenkreis
über das Prinzip der Komplementärfarben die *Farbkon-
stanz* ermöglicht, die Tatsache also, daß uns makroskopi-
sche Objekte trotz wechselnder Lichtverhältnisse·in gleicher Farbe erscheinen, so daß wir sie leichter wiedererken-
nen können. Dieses Beispiel zeigt, daß keine noch so gute
Passung die erhoffte Übereinstimmung *garantiert*.

Ist die Passung überhaupt zirkelfrei feststellbar?

Ist es nicht naiver Realismus, die Welt deshalb für dreidimensional zu halten, weil sie uns dreidimensional *erscheint*?
Die Welt ist uns doch gar nicht anders als über unseren

Evolution und Projektion 117

Wahrnehmungsapparat zugänglich. Wie können wir dann die Welt, wie sie ist, vergleichen wollen mit der Welt, wie sie uns erscheint? Überprüfen wir eine Zeitungsnachricht etwa dadurch, daß wir sie mit einem zweiten Exemplar derselben Zeitung vergleichen?

Nun gibt es durchaus eine Instanz, die uns über die Struktur der Welt belehren und unsere Wahrnehmungen und Erfahrungen bestätigen oder auch *korrigieren* kann: die wissenschaftliche Erkenntnis, im Falle der Dimensionalität vor allem die Physik. Zwar sind wir auch für die Überprüfung von physikalischen Theorien auf eine Projektion und damit auf unsere elementaren Erkenntnismittel angewiesen (darin liegt ihre besondere Bedeutung für die Erkenntnistheorie). Trotzdem können wir Theorien formulieren und mit unseren mesokosmischen Anschauungsformen und Kategorien überprüfen und bestätigen (oder als falsch erkennen), die eben diesen Formen menschlicher Erfahrung *widersprechen*: vierdimensionale Weltmodelle, nicht-euklidische Gravitationstheorien, akausale Quantengesetze, Theorien ohne Erhaltungssätze usw.

Tatsächlich haben sich einige dieser »paradoxen« Theorien als erfolgreich erwiesen, so daß wir – bis auf weiteres – bereit sind, sie für richtig zu halten. So ist auch die Hypothese, unsere Welt sei in Wahrheit vierdimensional und wir erlebten immer nur dreidimensionale Projektionen davon, vielfach erwogen worden – ohne Erfolg. Es gibt *keinen Hinweis* darauf, daß der physikalische Raum statt drei vielleicht vier oder mehr Dimensionen hätte, keinen Widerspruch in dreidimensionalen Theorien, kein Faktum, das sich zwar vierdimensional, nicht aber dreidimensional erklären ließe, keinen besseren Erklärungserfolg einer vierdimensionalen Theorie.

Daß unsere Welt räumlich dreidimensional ist und dreidimensionale Gegenstände enthält, ist also eine empirische Tatsache, die *sowohl* durch unsere Raumwahrnehmung *als auch* durch alle einschlägigen physikalischen Theorien nahegelegt wird. Insofern können wir durchaus zirkelfrei behaupten, daß unsere Anschauung die Dreidimensionalität

118   *Evolution und Projektion*

realer Objekte *korrekt* rekonstruiere. Dasselbe gilt für alle anderen genannten Passungen und Übereinstimmungen. Natürlich bleibt es auch in dieser Frage beim hypothetischen, also prinzipiell korrigierbaren, Charakter unseres Wissens.

Woher kommen die subjektiven Erkenntnisstrukturen?

Sie können angeboren oder individuell erworben sein. In der Regel liegt freilich ein kompliziertes Zusammenspiel von biologisch vorgegebenen Dispositionen und Umweltreizen vor, bei dem es schwierig ist, genetische und Umweltkomponenten zu trennen. Erinnert sei hier nur an das Beispiel der *Prägung* von Jungtieren: Das Gänseküken ist genetisch darauf *programmiert*, in einer bestimmten »sensiblen« Phase nach dem Ausschlüpfen seine Mutter individuell kennen*zulernen*. Die Prägung erfolgt dabei auf den erstbesten Gegenstand, der gewisse Minimalbedingungen erfüllt, zum Beispiel sich bewegt oder den Stimmfühlungslaut des Jungvogels beantwortet. Die Kenntnis des Muttertieres ist dann also weder angeboren noch erworben, sondern aus einer Verschränkung eines genetischen Programms mit Umweltdaten erwachsen.

Auch der Mensch besitzt zahlreiche kognitive Strukturen, Verrechnungsmechanismen, Algorithmen, Abstraktionsverfahren, Schlußweisen, Lernprogramme, Spracherwerbsmechanismen, Erwartungen, Dispositionen, Voraus-Urteile über die Welt, die entweder als ganze genetisch vorprogrammiert sind oder – und das ist wohl der Regelfall – nach einem genetisch festgelegten Programm *reifen* und dabei auf bestimmte Umweltdaten angewiesen sind (so daß sie bei Ausbleiben solcher Reize auch verkümmern können).

Evolution und Projektion   119

Angeborene kognitive Strukturen

Zur Illustration seien wenigstens einige empirische Ergebnisse angeführt. Angeboren sind beim Menschen nicht nur Saug-, Greif- und Schreitvermögen, Lächeln und Wutmimik, sondern auch Bewegungssehen, Farbwahrnehmung und Zeitempfinden. Angeboren ist das räumliche Sehen, also die Fähigkeit, zweidimensionale Netzhautbilder dreidimensional zu interpretieren, und die Scheu vor der Tiefe. Angeboren sind vor allem die Konstanzleistungen, die es erlauben, Objekte wiederzuerkennen, die Welt zu »objektivieren«, zu abstrahieren, Klassen und Begriffe zu bilden. Angeboren ist die Kenntnis menschlicher Gesichter (nicht eines einzelnen Gesichtes), das optische Fixieren einer Schallquelle (auch bei blindgeborenen Kindern!). Angeboren sind Sprachfähigkeit und das Bedürfnis zu sprechen, möglicherweise auch einige grundlegende grammatische Strukturen (»universelle Grammatik«). Teilweise angeboren sind Intelligenz, Musikalität, logische Strukturen, zum Beispiel der Modus ponens (»wenn A, so B; nun A; also B«), biologisch realisiert durch die Fähigkeit, bedingte Reflexe auszubilden; elementare mathematische Strukturen, zum Beispiel Gruppenstrukturen und Invariantenbildung; möglicherweise auch kausale Wahrnehmung und kausales Denken.

Die Suche der Rationalisten und »Nativisten« nach »angeborenen Ideen« war also durchaus berechtigt. Aber erst in unserem Jahrhundert ist es gelungen, die Begriffe »Idee« und »angeboren« so weit zu präzisieren, daß eine empirisch abgesicherte Antwort möglich wurde. Es wäre jedenfalls gänzlich abwegig, das Gehirn bei Geburt als eine Tabula rasa oder auch als einen bloßen Computer anzusehen, der erst allmählich programmiert würde. Die meisten Programme sind vielmehr bei Geburt längst eingebaut; die spätere individuelle Erfahrung liefert nur noch Unterprogramme und unterschiedliche Daten.

Wie bereits betont, bedeutet das natürlich nicht, daß unser gesamtes Wissen angeboren wäre. Es bedeutet auch nicht, daß alle Umweltinformation, die wir bei Geburt mitbringen, schon *korrekt* sein müßte. Tatsächlich sind aber unsere

120   *Evolution und Projektion*

angeborenen Erwartungen an die Umwelt unter normalen
Bedingungen durchweg brauchbar (sie »passen«) und oft
auch korrekt (sie »stimmen«).

Wie kommt es zu dieser Passung?

Bei jedem Werkzeug gibt es jemanden, der es herstellt, aus-
wählt und benützt. Gilt das etwa auch für die menschliche
Erkenntnisfähigkeit? Können wir Funktion und Passung
unseres Erkenntnisapparates nur verstehen, wenn wir dafür
einen Schöpfer verantwortlich machen? Wie sonst aber
kommt es, daß die subjektiven Erkenntnisstrukturen, die
wir mitbringen, so gut auf die Realität passen, mit ihr sogar
teilweise übereinstimmen? Wie können wir erklären, so
fragt auch Kant, daß der Gebrauch der Kategorien »mit den
Gesetzen der Natur, an welchen die Erfahrung fortläuft, genau stimmt« (*Kritik der reinen Vernunft*, B 167); und er
wundert sich über »diese Zusammenstimmung der Natur
zu unserem Erkenntnisvermögen« (*Kritik der Urteilskraft*,
A XXXIV).
Diese typisch erkenntnistheoretische Frage wird durch die
Evolutionäre Erkenntnistheorie beantwortet: Unser Erkenntnisapparat ist ein Ergebnis der biologischen Evolution. Die subjektiven Erkenntnisstrukturen passen auf die
Welt, weil sie sich im Laufe der Evolution in Anpassung an
diese Welt herausgebildet haben. Und sie stimmen mit den
realen Strukturen (teilweise) überein, weil nur eine solche
Übereinstimmung das Überleben ermöglichte. Sie sind individuell angeboren und insofern *ontogenetisch a priori*,
aber stammesgeschichtlich erworben, also *phylogenetisch a
posteriori*.

Evolution und Projektion 121

Merkmale der Evolutionären Erkenntnistheorie

Die Existenz und damit die Möglichkeit von Erkenntnis ist eine *empirische* Tatsache. Auch die Passung und partielle Übereinstimmung zwischen subjektiven (und teilweise angeborenen) Erkenntnisstrukturen und objektiven Strukturen sind – soweit sie bestehen – empirische Fakten. Diese Tatsachen vermag die Evolutionäre Erkenntnistheorie zu erklären. Wer die Tatsachen anerkennt, aber die Evolutionäre Erkenntnistheorie verwirft, bleibt aufgefordert, eine bessere Erklärung zu liefern.

Die Geschichte der Philosophie zeigt, daß die genannte Passung gesehen und als Problem ernstgenommen wurde. Die Lösungen reichen vom Rationalismus zum Empirismus, von der prästabilierten Harmonie (Leibniz) zum Okkasionalismus (Geulincx), von der Transzendentalphilosophie (Kant) zum transzendentalen Lingualismus (Wittgenstein), vom Konventionalismus (Poincaré) zum Ökonomismus (Mach). Die Antwort der Evolutionären Erkenntnistheorie ist mit keiner von ihnen identisch. Aber natürlich verdankt sie ihren Vorgängern vieles, insbesondere der Philosophie Kants.

Die Evolutionäre Erkenntnistheorie deutet die *Passung* unserer kognitiven Strukturen als Ergebnis eines Selektionsprozesses, einer evolutiven *Anpassung*. Nicht nur Sinnesorgane, Zentralnervensystem und Gehirn sind Evolutionsprodukte, sondern ebenso ihre Funktionen: Sehen, Wahrnehmen, Urteilen, Erkennen, Schließen. Durch diesen Schritt wird der Bereich erkenntnistheoretischer Forschung und Argumentation erheblich erweitert. War das Forschungsobjekt der traditionellen Erkenntnistheorie der Intention nach die Erkenntnis jedes »endlichen Vernunftwesens«, *faktisch* aber nur die des *normalen, erwachsenen, gebildeten Europäers*, so bezieht die Evolutionäre Erkenntnistheorie zahlreiche weitere Aspekte ein:

122   Evolution und Projektion

- die individuellen Unterschiede innnerhalb einer menschlichen Population mit der gesamten Bandbreite genetisch
  bedingter Merkmale;
- die Verschiedenheit der menschlichen Rassen;
- die kognitive Entwicklung beim heranwachsenden Kinde;
- die phylogenetischen Ursprünge menschlicher Erkenntnisfähigkeit.

Die Evolutionäre Erkenntnistheorie ist keine naturwissenschaftliche Disziplin. Aber sie beantwortet erkenntnistheoretische Fragen über eine naturwissenschaftliche Theorie,
die Evolutionstheorie. Das allein dürfte noch unbedenklich
sein; schließlich ist solches im Laufe der Philosophiege-
schichte schon mehrfach geschehen. Im Falle der Evolutionären Erkenntnistheorie wird jedoch ein derartiges Vorgehen zuweilen als *zirkelhaft* angesehen. Tatsächlich stehen
Erkenntnistheorie und Erfahrungswissenschaft in einem gewissen Wechselverhältnis. Ein vitiöser Zirkel läge aber nur
dann vor, wenn die Evolutionäre Erkenntnistheorie den
Anspruch erhöbe, eine *Letztbegründung* für erfahrungswissenschaftliche Erkenntnis zu liefern. In Wahrheit handelt es
sich um einen *virtuosen Zirkel*, eine fruchtbare, selbstkorrigierende Rückkopplungsstruktur, die weder tautologisch
noch antinomisch, also weder leer noch widersprüchlich
ist.
Die Evolutionäre Erkenntnistheorie hat zwar stark pragmatische Züge, vertritt jedoch *keinen pragmatistischen Wahrheitsbegriff*. Evolutionärer Erfolg kann die Wahrheit unserer angeborenen Hypothesen weder definieren noch garantieren. Die Evolutionäre Erkenntnistheorie verweist sogar
auf Gegenbeispiele wie den Farbenkreis, der höchst adaptiv
und doch »frei erfunden« ist. Sie ist also weit davon entfernt, Genesis und Geltung zu verwechseln. Wie löst sie
dann »das« Geltungsproblem? Wenn unter Geltung absolute Geltung verstanden wird, löst sie es nicht; denn dann
ist es unlösbar. Sind aber auch relative (zum Beispiel hypo-

thetische) Begründungen, Rechtfertigungen, Beweise erlaubt, dann trägt die Evolutionäre Erkenntnistheorie sehr wohl hierzu bei. Evolutionärer Erfolg beweist zwar nicht, daß alle unsere angeborenen Hypothesen wahr sind; er zeigt aber durchaus, daß sie nicht gänzlich falsch sein dürften.

Voraussetzungen der Evolutionären Erkenntnistheorie

Die Evolutionäre Erkenntnistheorie ist keine umfassende Erkenntnistheorie. Bevor sie auch nur formuliert werden kann, müssen bereits einige Vorfragen geklärt sein. Wir brauchen erstens Explikationen der Begriffe »Erkenntnis«, »Wahrheit«, »Objektivität« (Erkenntnis wird als adäquate [interne] Rekonstruktion und Identifikation äußerer Objekte expliziert, Wahrheit also im Sinne der Korrespondenztheorie); zweitens eine Theorie darüber, wie Erkenntnis entsteht (durch ein Zusammenspiel objektiver und subjektiver Strukturen); drittens eine Theorie über das Verhältnis von realer Welt und erkennendem Subjekt (diese Aufgabe löst das projektive Modell); viertens Annahmen über das Verhältnis von Bewußtsein und Gehirn (eine systemtheoretisch orientierte Identitätstheorie); und fünftens Faktenwissen über Existenz, Reichweite und Passung von kognitiven Systemen und subjektiver Erkenntnisstrukturen (bereitgestellt durch Psychologie, Physiologie, Neurobiologie, Evolutionstheorie, Verhaltensforschung, Linguistik und andere empirisch-wissenschaftliche Disziplinen).

Zu den Voraussetzungen der Evolutionären Erkenntnistheorie gehört insbesondere der *hypothetische Realismus* (der sich nicht *wesentlich* von einem kritischen oder wissenschaftlichen Realismus unterscheidet). Seine Grundannahmen sind: hypothetischer Charakter aller Wirklichkeitserkenntnis, Existenz einer bewußtseinsunabhängigen, gesetzlich strukturierten und zusammenhängenden Welt, teilweise

124 *Evolution und Projektion*

Erkennbarkeit und Erklärbarkeit dieser Welt durch Wahrnehmung, Denken und eine intersubjektive Wissenschaft.

Innerhalb des skizzierten *projektiven Modells* lassen sich nicht nur verschiedene Erkenntnisstufen unterscheiden; es läßt sich darin auch die spezielle Aufgabe der Evolutionären Erkenntnistheorie verdeutlichen. Sie thematisiert vor allem den *Erkenntnisapparat*, auf den projiziert wird und der nun aus den Projektionen die realen Strukturen zu rekonstruieren versucht. Sie erklärt seine Leistungen und Fehlleistungen, seine Reichweite und seine Beschränkungen. Dabei bezieht sich die Evolutionäre Erkenntnistheorie vor allem auf Wahrnehmung und Erfahrung und nur bedingt auf wissenschaftliche Erkenntnis.

Da Erkennen als Gehirnfunktion aufgefaßt wird, stellt sich die Evolutionäre Erkenntnistheorie in der Frage des Leib-Seele-Problems von vornherein auf den Standpunkt der *Identitätstheorie* und vertritt damit einen konsequent naturalistischen Ansatz. Zwar könnte man auch in einer dualistischen Auffassung von einer »Evolution« der Bewußtseinserscheinungen sprechen. Die Beziehung zur biologischen Evolution wäre dann jedoch allenfalls die einer zufälligen Analogie (die Selektion kann nur an materiellen Systemen angreifen); *erklärt* würde die fragliche Passung dadurch gerade nicht.

Natürlich ist es möglich, den gesamten vorbereitenden Kontext (Realismus, Projektionsmodell, Identitätstheorie) zur Evolutionären Erkenntnistheorie hinzuzunehmen und diese umfassende Auffassung »Evolutionäre Erkenntnistheorie« zu nennen. Damit ist jedoch nichts gewonnen. Es könnte viel eher irreführen, da die Evolution nicht für alle Teile dieses erweiterten Rahmens relevant ist.

Die Rolle der Evolutionstheorie

Auch die *Evolutionstheorie* ist eine unverzichtbare Voraussetzung der Evolutionären Erkenntnistheorie; sie hat ihr ja sogar den Namen gegeben. Allerdings hängt die Evolutionäre Erkenntnistheorie nicht von jedem Detail der Evolutionstheorie ab; sie steht und fällt aber mit den folgenden Prinzipien:

- *gemeinsamer Ursprung* der meisten, wenn nicht aller Organismen auf der Erde,
- phylogenetische *Verwandtschaft des Menschen* mit tierischen Vorfahren, vor allem mit Primaten,
- (nahezu) *invariante Reproduktion* organismischer Systeme,
- *Erblichkeit* von anatomischen, physiologischen, Verhaltens- und kognitiven Merkmalen,
- Vielfalt organismischer Typen durch *Mutationen*,
- differentielle Reproduktion aufgrund unterschiedlicher Tauglichkeit, in der Regel unter der Bezeichnung *»natürliche Selektion«* (oder »Überleben des Tüchtigsten«),
- Evolution als Entfaltungs- und *Anpassungsprozeß*.

Daß es darüber hinaus noch weitere Evolutionsfaktoren gibt, zum Beispiel Isolation, Einnischung, Genrekombination, ist für die Evolutionäre Erkenntnistheorie zwar relevant, aber nicht entscheidend. Die Evolutionäre Erkenntnistheorie würde jedoch hinfällig, wenn eines der genannten evolutionstheoretischen Prinzipien falsch wäre.
Trotz dieser starken Abhängigkeit wäre es verfehlt, die Evolutionäre Erkenntnistheorie als Teil der Evolutionsbiologie aufzufassen. Während die Evolutionstheorie eine rein biologische und somit naturwissenschaftliche Theorie ist, enthält die Evolutionäre Erkenntnistheorie neben ihren deskriptiven und explanatorischen Elementen auch explikative und normative Elemente, die sie als *meta*wissenschaftliche Disziplin auszeichnen. Sie geht also über eine »Biologie der Erkenntnis« (Riedl) oder eine »Biologie der Kognition« (Maturana) deutlich hinaus.

126   *Evolution und Projektion*

Wie beurteilt man Erkenntnistheorien?

Die genannten ontologischen, erkenntnistheoretischen und erfahrungswissenschaftlichen Voraussetzungen – hypothetischer Realismus, projektives Erkenntnismodell, Identitätstheorie, Evolutionstheorie – sind, jedenfalls in wesentlichen Teilen, für die Evolutionäre Erkenntnistheorie konstitutiv. Ohne sie läßt sich letztere entweder nicht formulieren oder nicht aufrechterhalten. Umgekehrt stützt die Evolutionäre Erkenntnistheorie jene Voraussetzungen. Auch dieses Verhältnis ist – da keine Letztbegründung angestrebt oder beansprucht wird – kein vitiöser Zirkel. Es spiegelt lediglich die hypothetisch-deduktive Struktur auch der Erkenntnistheorie.

Die Evolutionäre Erkenntnistheorie kann sich bewähren oder auch scheitern. Sollte sie sich bewähren, so liefert dieser Erfolg auch gute Argumente für ihre Voraussetzungen. Bewähren muß sie sich nicht nur gegenüber logischer Analyse und gegenüber empirischen Fakten; bewähren muß sie sich auch, indem sie Fragen beantwortet, Probleme löst, zur Explikation erkenntnistheoretischer Begriffe beiträgt, neue Probleme erkennen und formulieren hilft, usw. An ihren Früchten sollt ihr sie erkennen! Neben ihrer internen Konsistenz und ihrer Vereinbarkeit mit dem empirischen Hintergrundwissen ist es vor allem ihr *Problemlösungspotential*, woran eine Erkenntnistheorie gemessen werden sollte.

Die Evolutionäre Erkenntnistheorie kann sich diesen Beurteilungskriterien bedenkenlos stellen. Innere Widersprüche wurden bisher nicht nachgewiesen. Ihre Wissenschaftskonsistenz ist auch bei ihren Kritikern unbestritten (und bringt sie eher in den Verdacht, eine erfahrungswissenschaftliche Disziplin zu sein). Ihr Problemlösungspotential läßt sich nun zwar nicht in wenigen Zeilen darstellen. Wir können aber versuchen, einige Fragen und Antworten zusammenzustellen. Die angeschnittenen Themen sind fast durchweg erkenntnistheoretischer Natur. Gerade dadurch wird implizit der Nachweis erbracht, daß die Evolutionäre Erkenntnistheorie – entgegen der Vermutung einiger Kritiker – tatsächlich erkenntnistheoretisch relevant ist.

Antworten der Evolutionären Erkenntnistheorie

Welche Rolle spielen die subjektiven Erkenntnisstrukturen? Sie sind erkenntniskonstitutiv, machen Erkenntnis erst möglich. Woher kommen sie? Sie sind zum Teil angeboren und insoweit Ergebnisse der biologischen Evolution. Warum sind sie bei allen Menschen (nahezu) gleich? Weil sie teilweise genetisch bedingt sind und vererbt werden. Warum passen die subjektiven Strukturen (der Erkenntnis) auf die objektiven Strukturen (der realen Welt) und stimmen sogar teilweise damit überein? Weil wir die Evolution sonst nicht überlebt hätten. Warum ist menschliche Erkenntnis nicht ideal? Weil biologische Anpassung nie ideal ist.
Wie weit reicht menschliche Erkenntnis? Sie ist zunächst einmal überlebensadäquat; das heißt, soweit sie genetisch bedingt ist (Wahrnehmung und unmittelbare Erfahrung), paßt sie auf die Welt der mittleren Dimensionen, auf den Mesokosmos; sie kann aber aus diesem hinausführen und tut das vor allem als wissenschaftliche Erkenntnis.
Kann Anschaulichkeit als Wahrheitskriterium dienen? Nein, unser Anschauungsvermögen ist auf den Mesokosmos geprägt; auch unanschauliche Theorien können richtig sein. Kann Übereinstimmung mit unseren Kategorien als Wahrheitskriterium dienen? Nein, ebensowenig.
Ist objektive Erkenntnis möglich? Ja, wahrscheinlich existiert sie sogar. Ist Intersubjektivität als Objektivitätskriterium ausreichend? Nein, es gibt auch gemeinsame Irrtümer. Gibt es ein notwendiges Objektivitätskriterium, das über Intersubjektivität hinausgeht? Ein vernünftiges Objektivitätskriterium ist *Invarianz*, also Unabhängigkeit gegenüber einem Wechsel der Beobachtungsbedingungen. Gibt es ein

128   *Evolution und Projektion*

hinreichendes Objektivitätskriterium? Nein, unser Wissen bleibt auch in dieser Frage hypothetisch. Gibt es Grenzen für die menschliche Erkenntnis? Ja, selbst wenn wir objektives Wissen erlangt hätten, könnten wir doch seiner Wahrheit oder Objektivität nie absolut sicher sein. Gibt es apriorisches Wissen über die Welt? Wenn »a priori« bedeutet »unabhängig von aller individuellen Erfahrung«, ja; wenn es dagegen bedeutet »unabhängig von *jeglicher* Erfahrung«, nein; wenn es darüber hinaus bedeutet »absolut wahr«, nein. Gibt es dann synthetische Urteile a priori im Sinne Kants? Nein.

Abgrenzungen

Die Evolutionäre Erkenntnistheorie behauptet nicht, daß alles Wissen genetisch (also biologisch) determiniert sei. Vielmehr ist Erkenntnis zwar biologisch *bedingt*, aber nur teilweise – nämlich in Wahrnehmung und Erfahrung – auch biologisch bestimmt. Unser Gehirn ist freilich nicht als Erkenntnisorgan, sondern als Überlebensorgan entstanden. Tatsächlich taugt es jedoch für mehr. Es befähigt uns, Hypothesen und Theorien zu bilden, die den Mesokosmos, auf den es geprägt ist, weit überschreiten.

Der entscheidende Schritt war dabei der Durchbruch zu einer deskriptiven und argumentativen Sprache. Wie wir in unserer Vorstellung *Probehandlungen* entwerfen, ausführen und bewerten können, bevor wir wirklich handeln, und uns dadurch Zeit, Energie und Risiko ersparen, so können wir mit Hilfe der Sprache auch völlig kontra-intuitive Sachverhalte *formulieren*, versuchsweise als wahr *annehmen* und ihre Folgerungen *prüfen*, ohne gleich alles für wahr halten zu müssen. Und so können wir – ganz anders als ein sprachloser Organismus – unsere Theorien an unserer Stelle sterben lassen (Popper).

Zwar ist die Entstehung der Sprache und der menschlichen

Evolution und Projektion 129

Sprachfähigkeit biologisch relevant und für die Evolution des Menschen von entscheidender Bedeutung und Wirksamkeit; aber nicht jeder Gebrauch, den wir davon machen, ist auch schon evolutiv erklärbar. Wissenschaftliche Erkenntnis ist, biologisch gesehen, ein *Nebenprodukt* allgemeinerer Fähigkeiten wie Abstraktion, Generalisation, Begriffsbildung, logisches Schließen. Es wäre sinnlos, die biologischen Wurzeln der Relativitätstheorie, der Quantenchromodynamik oder der Molekularbiologie ausgraben zu wollen; es gibt sie gar nicht. Dagegen ist es möglich und sinnvoll, kognitive *Fehlleistungen* auf ihren biologisch-mesokosmischen Ursprung zu untersuchen.

Warum können wir langfristiges Kapitalwachstum bei Zinseszins so schlecht schätzen? Warum haben wir kein Gefühl für das überexponentielle Wachstum der Erdbevölkerung? Warum scheitern wir beim Umgang mit vernetzten Systemen? Warum haben wir so wenig Einsicht in Systeme mit positiver Rückkopplung? Warum sind wir allenfalls zu linearer Extrapolation fähig? Warum erwarten wir beim Glücksspiel eine Art ausgleichender Gerechtigkeit? Warum werden wir mit Zufallsereignissen so schwer einig? Warum bestehen zwischen objektiven und subjektiven Entscheidungskriterien oft so große Unterschiede? Warum konnten die aristotelische Bewegungslehre und die mittelalterliche Impetustheorie sich überhaupt so lange halten? Warum können wir uns nicht-euklidische Räume, vierdimensionale Würfel, einen endlichen, aber unbegrenzten Kosmos, absolut zufällige Ereignisse nicht vorstellen?

Diese Fragen vermag die Evolutionäre Erkenntnistheorie zu beantworten. So hat sie neben ihren erkenntnistheoretischen Konsequenzen auch Anwendungen in der Psychologie der Forschung, in der Erklärung der Wissenschaftsgeschichte, in der Didaktik, in der Anthropologie. Aus Platzgründen können wir auf diese weitreichenden Folgerungen nicht eingehen.
Trotz ihrer Anwendbarkeit auf die Wissenschaftsgeschichte sollte die Evolutionäre Erkenntnistheorie nicht als theriendynamisches Erklärungsmodell mißverstanden werden.

130 *Evolution und Projektion*

Sie befaßt sich mit der Evolution der Erkenntnis*fähigkeit*, nicht mit der Evolution der wissenschaftlichen *Erkenntnis*. Wie wissenschaftliche Theorien entworfen und geprüft, bestätigt oder widerlegt, korrigiert oder abgelöst werden, ist nicht ein Problem der Evolutionären Erkenntnistheorie, sondern der Wissenschaftstheorie. Zu Poppers oder Toulmins »evolutionären« Methodologien bestehen bestenfalls Analogien, strukturelle Parallelen. Sie sind instruktiv, heuristisch wertvoll, didaktisch hilfreich, bedeuten aber noch keine Identität. Mit Poppers Drei-Welten-Lehre ist die Evolutionäre Erkenntnistheorie gerade nicht vereinbar.

Das Verhältnis der Evolutionären Erkenntnistheorie zur Soziobiologie sei wenigstens angedeutet. Gemeinsam ist ihnen der Bezug auf die biologische Evolution. Es geht ihnen jedoch um ganz verschiedene Fragen, hier »was können wir wissen?«, dort »was sollen wir tun?«. Gegenstand der Evolutionären Erkenntnistheorie sind unsere kognitiven Fähigkeiten, Gegenstand der Soziobiologie unser Sozialverhalten. In beiden Fällen kann man nach dem evolutiven Entstehen fragen, in beiden auch nach den philosophischen *Folgerungen*, hier erkenntnistheoretischen, dort moralphilosophischen. Evolutionäre Erkenntnistheorie und Soziobiologie stehen also im Verhältnis einer heuristisch fruchtbaren Analogie, nicht einer logischen Implikation.

Genaugenommen ist die Soziobiologie zunächst auch nur eine »Biologie des Sozialverhaltens (bei Tieren und Menschen)«. Wie die Evolutionäre Erkenntnistheorie die »Biologie der Erkenntnis« philosophisch ausbaut zu einer Erkenntnistheorie, so wird erst eine künftige »Evolutionäre Ethik« die Soziobiologie erweitern zu einer philosophischen Disziplin. Eine solche Evolutionäre Ethik hat aber offenbar einen ganz anderen Objektbereich als die Evolutionäre Erkenntnistheorie.

Was für kognitive Strukturen und für soziales Verhalten gilt, das gilt schließlich auch für die Evolution ästhetischer Urteile: Man wird sich zunächst auf Beschreibung und Erklärung beschränken, dann aber auch versuchen, philosophische Konsequenzen zu ziehen. Aber hier fehlt es vorläufig sogar an einer »Biologie der Kunst«, so daß eine *Evolutionäre Ästhetik* nicht einmal in Angriff genommen werden kann.

Evolutionäre Erkenntnistheorie als Aufgabe

Die Evolutionäre Erkenntnistheorie beansprucht, auf alte und neue Probleme eine eigenständige Antwort zu geben. Es dürfte nicht überraschen, daß sie dabei zu traditionellen Auffassungen in Widerspruch gerät. Es ist deshalb die Aufgabe ihrer Vertreter wie ihrer Kritiker, Positionen und Argumente in kritischem Vergleich zu prüfen. Man kann dabei mehr die Gemeinsamkeiten oder eher die Differenzen betonen. In der vorliegenden Darstellung wurde aus Platzgründen auf beides verzichtet.

Die Evolutionäre Erkenntnistheorie ist jedoch keine abgeschlossene Theorie. Sie stellt eher ein Forschungsprogramm dar. Es fehlt ein vollständiges System von Kategorien menschlicher Erfahrung, das auch durch Biologie und Psychologie gestützt wäre. (Kants System ist dabei sicher *nicht* adäquat.) Es fehlt eine Untersuchung der Beschränkungen, der alle empirische Erkenntnis durch die Projizierbarkeitsforderung unterliegt, also durch die Tatsache, daß Objekte nur erkannt werden können, wenn sie *irgendwie* mit uns in kausale Wechselwirkung treten. Es fehlt eine sorgfältige Gegenüberstellung mit der Transzendentalphilosophie, mit dem logischen Empirismus, mit dem Operationalismus, mit dem Konstruktivismus, mit dem Pragmatismus (wobei in jedem Falle enge Beziehungen bestehen). Es fehlt eine Darstellung der historisch und systematisch bedeutsamen Rückkopplung zwischen einzelwissenschaftlicher Erkenntnis und Erkenntnistheorie. Es fehlen empirisch geprüfte und prüfbare Hypothesen über die tatsächliche Evolution menschlicher Erkenntnisfähigkeit.

132   *Evolution und Projektion*

Es fehlt eine Evolutionäre Psychologie, die den Evolutionsgedanken auch für psychologische Fragestellungen fruchtbar macht. Es fehlt eine Evolutionäre Pädagogik, die das
Kind nicht als Tabula rasa »instruiert« oder »programmiert«, sondern in seiner natürlichen Entwicklung *fordert
und fördert*. Es fehlt eine Evolutionäre Didaktik, die kumu-
lative Lernmodelle durch ein kontrastierendes Modell ersetzt, so daß mesokosmische Vorurteile erkannt, bespro-
chen und beseitigt werden können.

Solche Bemühungen dürften nicht nur der Evolutionären
Erkenntnistheorie einige Anregungen verdanken, sondern
auch ihrerseits fördernd und korrigierend auf die Evolutionäre Erkenntnistheorie zurückwirken. Jedenfalls gibt es
auch hier noch viel Gelegenheit zu einzelwissenschaftlicher
und philosophischer Forschung.

Was Evolutionäre Erkenntnistheorie nicht ist

Gemeinsamkeiten und Unterschiede zwischen Lorenz und Popper

Der Verhaltensforscher Konrad Lorenz (1902–1989) und der Philosoph Karl Popper (*1903) gelten beide als Vertreter der Evolutionären Erkenntnistheorie. Beide haben Campbells Ausdruck »evolutionary epistemology« gerne aufgegriffen und als Bezeichnung für ihre Forschungsgebiete verwendet. Man wird daraus schließen, daß sie dasselbe Thema behandeln. Dieser Schluß ist jedoch voreilig, und er hat zu vielen Mißverständnissen und zu manch verfehlter Kritik geführt. Natürlich gibt es viele Gemeinsamkeiten. Aber auch die Unterschiede darf man nicht übersehen. Sie beruhen vor allem darauf, daß Lorenz sich mehr für die biologische, Popper mehr für die wissenschaftstheoretische Seite interessiert. Die Theorie von Lorenz behandelt die Evolution kognitiver Systeme, ist also eine Theorie der Evolution der Erkenntnisfähigkeit. Poppers Theorie dagegen behandelt in erster Linie den Erkenntnisfortschritt, insbesondere den Fortschritt wissenschaftlicher Erkenntnis, ist also eher eine Theorie der Evolution der Erkenntnis und sollte deshalb besser »Evolutionäre Wissenschaftstheorie« heißen.

»Was Evolutionäre Erkenntnistheorie nicht ist« stellt zunächst die Gemeinsamkeiten zwischen Lorenz und Popper heraus, zeigt dann, wie wichtig es ist, neben Gemeinsamkeiten auch Unterschiede zu beachten, und listet eine ganze Reihe wichtiger Unterschiede auf. So wird es möglich, einige Fragen und Einwände zu behandeln, die aus der Verwechslung von Evolutionärer Erkenntnistheorie und Evolutionärer Wissenschaftstheorie leicht entstehen.

Der Beitrag entstand zunächst auf englisch für einen Kongreß über Evolutionäre Erkenntnistheorie in Gent (Belgien) und wurde später vom Autor ins Deutsche übersetzt.

134   *Was Evolutionäre Erkenntnistheorie nicht ist*

Konvergenz zwischen Konrad Lorenz und Karl Popper?

»Leben ist ein erkenntnisgewinnender Prozeß«, sagt Konrad Lorenz, einer der Begründer der Evolutionären Erkenntnistheorie. Und »von der Amöbe bis Einstein ist der Erkenntnisfortschritt immer derselbe«, behauptet Karl Popper, ein anderer Vertreter der Evolutionären Erkenntnistheorie. Nach diesen und vielen ähnlichen Bemerkungen scheinen Lorenz und Popper von derselben Sache zu sprechen. Tatsächlich haben sie bei vielen Gelegenheiten die *Konvergenz* ihrer Ansichten über die Evolution der Erkenntnis betont (vgl. Popper/Lorenz 1985). Sprechen sie wirklich über denselben Vorgang?

Ich werde versuchen zu zeigen, daß sie das nicht tun. Während nämlich Lorenz über die *Evolution kognitiver Systeme* im allgemeinen und unserer kognitiven Fähigkeiten im besonderen spricht, ist Popper an der *Evolution wissenschaftlicher Erkenntnis* interessiert. Während die Evolution kognitiver Systeme ein Problem der Biologie und der Erkenntnistheorie ist, ist die Evolution der Erkenntnis ein Problem der Wissenschaftsgeschichte und der Wissenschaftstheorie. Im ersten Falle ist der Evolutionsbegriff ganz spezifisch (nämlich im wesentlichen darwinistisch) und ausgesprochen biologisch, im zweiten Falle ist er recht allgemein und teilweise metaphorisch. Daß der Ausdruck »Evolutionäre Erkenntnistheorie« für beide Ansätze benützt wird, ist eher irreführend als hilfreich.

Bevor wir das im Detail behandeln, sollten wir einen naheliegenden Einwand ausräumen. Was immer auch die Unterschiede zwischen Lorenz' und Poppers Ideen sein mögen (so lautet der Einwand), ist es nicht sehr schön, wenn man ähnliche Ergebnisse findet, zu *übereinstimmenden* Ansichten kommt, *gemeinsame* Strukturen oder *gemeinsame* Gesetze entdeckt? Ist nicht die Entdeckung von Strukturgleichheit ein wesentliches Element wissenschaftlichen Fortschritts? Ist es nicht erhellend festzustellen, daß ein schwingendes Pendel und ein elektrischer Schwingkreis

Was Evolutionäre Erkenntnistheorie nicht ist 135

demselben Gesetz gehorchen? Leben Zwischendisziplinen wie Kybernetik, Bionik oder Synergetik nicht gerade davon, daß sie die *gemeinsamen* Strukturen in Organismen und Maschinen oder in verschiedenen komplizierten Systemen untersuchen? Und wenn Verstehen darin besteht, daß man Isomorphien findet, haben dann nicht Lorenz und Popper wesentlich zu unserem Verständnis verschiedener evolutiver Prozesse beigetragen? Warum sollte man einer Zwischendisziplin, die zwischen biologischer und kultureller Evolution vermittelt, nicht einen gemeinsamen Namen geben? Warum sollte man sie nicht Evolutionäre Erkenntnistheorie nennen?

Benennungen sind natürlich willkürlich. Wenn es also tatsächlich eine solche Zwischendisziplin *gäbe*, die gemeinsame evolutionäre Merkmale kognitiver Fähigkeiten und wissenschaftlicher Erkenntnis studiert, dann wäre es durchaus angemessen, sie »Evolutionäre Erkenntnistheorie« zu nennen. Das Problem ist nur, daß es eine solche Zwischendisziplin einfach nicht gibt. Sie hätte mit Toulmins Arbeiten über die evolutionäre Entwicklung der Naturwissenschaft beginnen können (vgl. Toulmin 1968; weiterentwickelt in Toulmin 1978). Sie hätte auch durch Campbells richtungsweisenden Beitrag zu Schilpps Popper-Band ins Leben gerufen werden können, in dem Campbell (1974) gerade versucht, Beziehungen zwischen biologischer Evolution und der Evolution der Wissenschaft herauszuarbeiten (vgl. auch Campbell 1970). Es ergab sich, daß Lorenz und Popper nicht nur beide ihre völlige Zustimmung zu Campbells Ansichten zum Ausdruck brachten, sondern daß sie auch beide den Ausdruck »Evolutionäre Erkenntnistheorie« für das, was sie seit Jahren getan hatten, als angemessene Benennung akzeptierten und selbst benützten. So schreibt Lorenz in der *Rückseite des Spiegels*:

»In seiner Abhandlung ›Essay on Evolutionary Epistemology‹ sagt Donald T. Campbell: ›... das Beispiel des durch

136 Was Evolutionäre Erkenntnistheorie nicht ist

Selektion bewirkten Wissenszuwachses kann auf andere Erkenntnisleistungen, wie Lernen, Denken und Wissenschaft, verallgemeinert werden.‹ (›... the natural selection paradigm of such knowledge increments can be generalized to other epistemic activities, such as learning, thought and science.‹) Ich stimme dieser Aussage nicht nur zu, sondern betrachte es als eine der Hauptaufgaben dieses Buches, den von Campbell vorgeschlagenen verallgemeinernden Vergleich zwischen den verschiedenen Mechanismen zu ziehen, mittels deren verschiedene lebende Systeme die für sie relevante Information erwerben und speichern.« (Lorenz 1973, S. 39 f.)

Und Popper betont in seiner Antwort auf Campbells Artikel »die fast vollständige, bis in kleinste Details gehende Übereinstimmung zwischen Campbells Ansichten und meinen eigenen« (Popper 1974, S. 1059) und schreibt:

»Wenn wir von einem kritischen Alltagsrealismus ausgehen [...], dann werden wir den Menschen als ein Tier unter vielen ansehen und menschliches Wissen als im wesentlichen fast ebenso fehlbar wie tierisches Wissen [...]. Die wichtigste Aufgabe der Theorie menschlichen Erkennens ist es, die Kontinuität dieses Wissens mit tierischem Wissen zu verstehen, und ebenso seine Diskontinuität – falls sie existiert. Hierüber besteht, wie ich glaube, vollständige Übereinstimmung zwischen Campbell und mir.« (Popper 1974, S. 1059, 1061.)

Evolutionäre Erkenntnistheorie und Evolutionäre Wissenschaftstheorie: Gemeinsame Merkmale

Daß Lorenz und Popper dem Ansatz von Campbell beide zustimmen, könnte den Eindruck erwecken, daß es ihnen, wenn sie über Evolutionäre Erkenntnistheorie sprechen, um dieselbe Sache ginge. Das ist jedoch nicht der Fall. Als

Was Evolutionäre Erkenntnistheorie nicht ist

Biologe, der sich gelegentlich der Erkenntnistheorie zuwendet, befaßt sich Lorenz mit dem weiten Spektrum kognitiver Systeme, mit Alltagserkenntnis, mit mesokosmischem Wissen, mit Wahrnehmung und Erfahrung, mit unserem Erkenntnisapparat und seiner Evolution, mit Erkenntnis*prozessen*. Popper andererseits studiert als Philosoph, der sich gelegentlich auf Biologie beruft, wissenschaftliche Erkenntnis, abstrakte Theorien, die *Ergebnisse* kognitiver Prozesse und die Evolution der Wissenschaft. Um diese Unterscheidung terminologisch festzuhalten, verwenden wir den Ausdruck »Evolutionäre Erkenntnistheorie« für den ersten, den Lorenzschen Ansatz, der vor allem kognitive Prozesse betrifft, und den Ausdruck »Evolutionäre Wissenschaftstheorie« für den zweiten, den Popperschen Ansatz, der sich vor allem mit Wissenschaft befaßt.

Zwar betonen beide Parteien die Analogien zwischen der biologischen Evolution und der Evolution der Wissenschaft. Das Problem ist nur, daß diese Analogien, obwohl sie zweifellos bestehen, nicht so substantiell und weitreichend sind, wie Popper, Toulmin, Campbell u. a. zu erwarten scheinen. Es könnte sogar sein, daß jene Denker sich dieser Tatsache durchaus bewußt sind. Dann allerdings sind sie weithin mißverstanden worden. Man liest, zitiert und kritisiert sie als Verfechter der Behauptung, das Wachstum wissenschaftlicher Erkenntnis sei im wesentlichen darwinistisch.

Das soll nicht heißen, daß es nicht legitim wäre, nach solchen Analogien zu suchen. Tatsächlich ist es ja eines der ehrenhaftesten Ziele der Wissenschaft, in verschiedenen Systemen gemeinsame Strukturen zu entdecken. Ferner ist es gerade das kognitive Ziel der Wissenschaft, Redundanzen in der Beschreibung der realen Welt zu beseitigen. Und gerade die Entdeckung gemeinsamer Strukturen ist ein wichtiger Bestandteil einer solchen Reduktion, also der Wissenschaft.

Beide Theorien
- sind Theorien der Erkenntnis,
- befassen sich mit dem *Wachstum unseres Wissens*,
- stellen einen allgemeinen zeitlichen Informations*zuwachs* fest (den sie begrüßen),
- finden eine weitgehende *Kontinuität* zwischen tierischer und menschlicher Erkenntnis,
- betonen den *evolutionären* Charakter des Wissensfortschritts,
- versuchen, aus dieser Kontinuität *erkenntnistheoretische Konsequenzen* zu ziehen,
- sehen im *Finden und Lösen von Problemen* ein wesentliches Element für den Erkenntnisfortschritt,
- halten das Verfahren von *Versuch und Irrtumsbeseitigung* für einen Weg zur Erkenntnis,
- lassen sich unter Campbells Auffassung von »*Variation und selektive Bewahrung*« einordnen (hinsichtlich der *Blindheit* gibt es dann freilich Unterschiede),
- machen deutlich, daß auch diese evolutionären Prozesse einer *Evolution* unterliegen,
- betonen den *vorläufigen* (hypothetischen) Charakter allen Wissens,
- machen aber doch Gebrauch von der Vorstellung einer Annäherung oder *Konvergenz* an die Wahrheit,
- enthalten *indeterministische* Elemente,
- legen Wert auf die Rolle der *Kreativität*,
- betonen die *Unvoraussagbarkeit* (»Offenheit«) der Zukunft einschließlich der Zukunft der Wissenschaft,
- haben *methodologische* Konsequenzen und
- machen sogar *Vorschläge*, wie man die Erkenntnis fördern könnte.

Tab. 1. Gemeinsame Züge in Lorenz' Evolutionärer Erkenntnisund Poppers Evolutionärer Wissenschaftstheorie

Was Evolutionäre Erkenntnistheorie nicht ist 139

Auch behaupten wir nicht, zwischen biologischer Evolution und der Evolution der Wissenschaft bestünden überhaupt keine Analogien. Im Gegenteil, solche gibt es durchaus, und sie sind äußerst erhellend. In einem gewissen Sinne war die Suche nach solchen Analogien sogar recht erfolgreich. Tatsächlich gibt es eine beachtliche Überschneidung zwischen den beiden Arten von Evolutionärer Erkenntnistheorie, wie sie von Lorenz und von Popper betrieben werden. Solche gemeinsamen Merkmale sind in Tabelle 1 aufgeführt. Angesichts einer solch eindrucksvollen Liste gemeinsamer Merkmale sind wir durchaus berechtigt, die heuristische Frage zu stellen, ob die beiden Theorien nicht letztlich identisch sind. Dieser Frage werden wir nun unsere Aufmerksamkeit widmen.

Ähnlichkeiten und Unterschiede (ihre Bedeutung für die Wissenschaft)

In verschiedenen Systemen gemeinsame Strukturen zu finden, ist eine wichtige Aufgabe der Wissenschaft. Aber es ist nicht ihre einzige. Die Welt ist kompliziert, und eine angemessene Beschreibung einer komplizierten Welt kann nicht beliebig einfach sein. Sie muß der inneren Komplexität der realen Dinge gerecht werden. Was uns an Theorien interessiert, ist nicht nur ihre Einfachheit, sondern auch ihre Wahrheit. Für kognitive Zwecke ist Wahrheit sogar noch wichtiger als Einfachheit. Das heißt, daß wir bereit sind, Einfachheit für Wahrheit zu opfern, nicht jedoch Wahrheit für Einfachheit. Die Beseitigung von Redundanz muß, obwohl sie das Ziel der Wissenschaft ist, dort enden, wo die Redundanz endet. Und Redundanz endet mit einer *Minimal*beschreibung, einer Beschreibung, die nicht mehr verkürzt oder ökonomischer gemacht werden kann, ohne daß relevante Information verlorengeht. In einer Minimalbeschreibung gibt es nach Definition keine Redundanz mehr.

140   *Was Evolutionäre Erkenntnistheorie nicht ist*

Die Einsicht, daß eine Beschreibung minimal ist, daß ein Gegenstand keine einfachere Beschreibung erlaubt, bedeutet häufig eine wissenschaftliche Entdeckung (vgl. Chaitin 1975). Somit kann wissenschaftlicher Fortschritt auf (mindestens) zwei entgegengesetzte Arten erreicht werden: Durch die Entdeckung, daß zwei Objekte (oder Strukturen), die bisher als verschieden galten, tatsächlich *identisch* sind, und durch die Entdeckung, daß zwei vermeintlich gleiche Dinge (oder Strukturen) in Wahrheit *verschieden* sind.
Beispiele für die erste Art von Fortschritt (Identifizierung) sind in Tabelle 2 aufgeführt.

Identifizierungen in der Wissenschaft

– der Morgenstern ist identisch mit dem Abendstern (dem Planeten Venus),
– Sterne sind riesige Kugeln aus glühender Materie,
– Wasser ist eine chemische Verbindung aus Wasserstoff und Sauerstoff (H_2O),
– Licht ist identisch mit einem bestimmten Ausschnitt des elektromagnetischen Spektrums (Maxwell),
– Diamant, Graphit und Ruß sind nur verschiedene Konfigurationen derselben Substanz, nämlich Kohlenstoff,
– Verbrennung ist ein Oxydationsprozeß (Lavoisier),
– Wärme ist eine Energieform (Mayer),
– Wärme in Gasen ist die mittlere kinetische Energie der Moleküle (Bacon, Boltzmann),
– Masse ist eine Energieform ($E = mc^2$; Einstein),
– schwere Masse ist identisch mit träger Masse (Newton, Einstein),
– mentale Zustände und Prozesse sind identisch mit bestimmten Gehirnzuständen und -prozessen (Identitätstheorie als Antwort auf das Leib-Seele-Problem; nicht allgemein akzeptiert).

Tab. 2. Die Entdeckung unerwarteter Identitäten als wichtiges Element wissenschaftlichen Fortschritts

Was Evolutionäre Erkenntnistheorie nicht ist 141

Aber es gibt auch viele Beispiele für die zweite Art von Fortschritt (Unterscheidung). Ist nicht eigentlich »Du sollst unterscheiden...« eines der heiligsten Gebote wissenschaftlicher Methodologie? Sind nicht Definitionen, Explikationen, Präzisierungen und Unterscheidungen wichtige Werkzeuge für jeden Wissenschaftler, jeden wissenschaftlichen Autor und jeden, der Wissenschaft lehrt? Werden wissenschaftliche Instrumente nicht *gebaut und benützt*, um mehr und bessere Unterscheidungen zu ermöglichen?

Ein besseres Unterscheidungsvermögen ist ganz allgemein ein Kriterium für höhere *Qualität*. Das gilt für jedes Instrument, sei es *begrifflich* wie eine Terminologie, eine Theorie oder ein Forschungsprogramm, sei es *materiell* wie ein Teleskop, ein Mikroskop oder irgendein anderes Beobachtungsinstrument. Es gilt auch für organismische Merkmale wie Sinnesorgane, Wahrnehmungsfähigkeiten und andere kognitive Strukturen. Man kann sogar das *evolutionäre Niveau* eines Organismus näherungsweise ermitteln aus seiner Fähigkeit, zwischen verschiedenen Reizen zu unterscheiden. In beiden Fällen werden Verbesserungen im Auflösungsvermögen als *Fortschritte* angesehen.

Gleichsetzung und Unterscheidung sind somit komplementäre Aspekte des Fortschritts, sowohl in der Wissenschaft als auch in der Evolution. Es wäre sehr einseitig, wollte man den Begriff des Fortschritts auf eines von ihnen beschränken.[1] Heuristisch ist es eine viel bessere Strategie, die Situation symmetrisch zu halten. Wurden im Hinblick auf eine besondere Fragestellung die Unterschiede lange genug betont, so kann es sinnvoll sein, statt dessen nach gemeinsamen Merkmalen zu suchen. Und wenn für ein Paar von Objekten die Analogien und gemeinsamen Züge ausgiebig diskutiert worden sind, so mag es sich lohnen, die Unterschiede ins Auge zu fassen.

Im Hinblick auf die Evolutionäre Erkenntnistheorie sind die gemeinsamen Merkmale der biologischen Evolution und der Evolution der Erkenntnis von vielen Autoren be-

142   *Was Evolutionäre Erkenntnistheorie nicht ist*

tont worden. Es ist deshalb wohl an der Zeit, die Unterschiede zwischen ihnen zu betrachten und einige Mißverständnisse auszuräumen, die gerade auf einer *unkritischen* Identifizierung beruhen.

Unterschiede zwischen Evolutionärer Erkenntnistheorie und Evolutionärer Wissenschaftstheorie

Wir könnten uns lange damit aufhalten, die beiden Arten von Evolutionärer Erkenntnistheorie zu charakterisieren. Das würde auf eine vergleichende Darstellung beider Theorien hinauslaufen und einen eigenen Band ausmachen. Wir wollen eine ökonomischere Alternative wählen: Wir begnügen uns mit wichtigen *Unterschieden*. Sie sind in Tabelle 3 zusammengestellt.[2]

Diese Unterschiede zeigen, daß es eigentlich *zwei Disziplinen* mit dem Namen »Evolutionäre Erkenntnistheorie« gibt und nicht nur eine. Trotz einiger Gemeinsamkeiten sind sie ziemlich unabhängig voneinander. Die Evolutionäre Erkenntnistheorie (im Lorenzschen Sinne) könnte gedeihen, selbst wenn es überhaupt keine Wissenschaftstheorie gäbe (während sie auf die Evolutionstheorie nicht verzichten könnte). Und eine Evolutionäre Wissenschaftstheorie könnte existieren, ohne eine biologisch orientierte Evolutionäre Erkenntnistheorie überhaupt nur zu erwähnen.

Daß wir hier gerade die Differenzen so stark betonen, soll nicht bedeuten, daß die beiden Arten von Evolutionärer Erkenntnistheorie nichts miteinander gemein hätten. Das aber wurde bereits deutlich gesagt und braucht hier nicht noch einmal ausgeführt zu werden. Unser Hauptanliegen ist der Nachweis, daß es derart entscheidende Unterschiede gibt und daß die Verwendung des Ausdrucks »Evolutionäre Erkenntnistheorie« für *beide* Ansätze diese Tatsache verschleiern könnte. Tatsächlich hat die Zweideutigkeit dieses Begriffs zu schweren Mißverständnissen geführt und demzufolge auch zu unnötigen Angriffen gegen die Evolutionäre Erkenntnistheorie im Ganzen. Die folgenden Abschnitte sollen deshalb dazu dienen, solche Einwände auszuräumen, indem sie die tatsächlichen Ansprüche der Evolutionären Erkenntnistheorie herausarbeiten.

Verläuft die Evolution der Wissenschaft darwinistisch?

Wir könnten sogar versucht sein, eine noch grundlegendere Frage zu stellen: Verläuft das Wachstum der Wissenschaft überhaupt evolutionär? Diese Frage enthüllt eine grundlegende Schwierigkeit, mit der Historiker wohlvertraut sind. Daß es in der Wissenschaft (und in der Geschichte) *Veränderungen* gibt, scheint evident. Was aber ist mit »Evolution« gemeint? Ist Evolution mehr als Veränderung, und welcher Art müssen die Veränderungen dabei sein? Wie unterscheiden sich evolutionäre Veränderungen von revolutionären? Läßt sich Evolution charakterisieren durch ihre (langsame) Gangart, durch die Allmählichkeit der Übergänge, durch ihre Kontinuität? Schließen sich die Begriffe »Evolution« und »Revolution« gegenseitig aus oder überlappen sie? Ist vielleicht *Revolution* nichts weiter als *schnelle Evolution*, also letztlich auch *Evolution*?

Gibt es Revolutionen in der Wissenschaft? Und was ist in der Wissenschaft *normal*: Stillstand oder Evolution oder gar Revolution? Ist Kuhns Abgrenzung normaler Wissenschaft (in der ein Paradigma herrscht) gegenüber revolutionärer Wissenschaft (in der ein Paradigmenwechsel stattfindet) wirklich sinnvoll?

Wir werden nicht versuchen, diese Fragen hier zu beantworten. Der Grund dafür ist, daß Evolutionäre Erkenntnistheorie und Evolutionäre Wissenschaftstheorie sich in dieser Frage nicht unterscheiden. Was immer sie trennt, beide deuten das Wachstum der Wissenschaft als *evolutionär* (was auch schon in Tabelle 1 eingegangen ist). Der hier verwen-

	Evolutionäre Erkenntnistheorie	Evolutionäre Wissenschaftstheorie
Vertreter	Lorenz, Vollmer, Riedl	Popper, Toulmin, Campbell
behandelt	Evolution kognitiver Systeme und kognitiver Fähigkeiten, Erkenntnis als Prozeß	Evolution des Wissens (vor allem wissenschaftlicher Erkenntnis), Erkenntnis als Ergebnis
»Evolution« ist dabei ein Teil der	biologischen Evolution	kulturellen Evolution
Evolutionsbegriff	ganz spezifisch	recht allgemein
Beziehung zur biologischen Evolution	stark (im wesentlichen identisch)	schwach, metaphorisch, versuchsweise, heuristisch
Zeitskala	Jahrmillionen	Jahrzehnte
zugehörige wissenschaftliche Disziplinen	Biologie (Genetik, Evolutionstheorie, Verhaltensforschung, Neurowissenschaft), Psychologie, Linguistik	Geschichte der Wissenschaft und der Technologie
philosophische Disziplin (insbesondere)	Erkenntnistheorie (»Kognitologie«)	Wissenschaftstheorie (»Theoriendynamik«)
Umfang (Erkenntnisstufen)	Wahrnehmung und Erfahrung (mesokosmische Erkenntnis)	theoretische (oder wissenschaftliche) Erkenntnis
Bezug (Gegenstände der »Selektion«)	alle kognitiven Systeme (von der Amöbe bis zum Menschen, Marswesen, möglicherweise sogar Maschinen)	Hypothesen, Theorien (»läßt Theorien sterben anstelle ihrer Anhänger«)
regulative Idee oder Eigenschaft	Fitness	Wahrheit
näherungsweise erreicht durch	Anpassung	»Konvergenz« (Bavink) »Wahrheitsähnlichkeit« (Popper) »partielle Wahrheit« (Bunge)
Beziehung	weder Fitness noch Anpassung garantieren Wahrheit	Wahrheit (wahre Erkenntnis) erhöht Fitness

	Evolutionäre Erkenntnistheorie	Evolutionäre Wissenschaftstheorie
idealer (fiktiver) Endzustand	*viele* optimierte, einander ausschließende, aber koexistierende Arten	*eine* einzige, widerspruchsfreie, umfassende (wahre) Supertheorie
... nicht oder schwer zu erreichen wegen	fortwährend wechselnder Umweltbedingungen	Komplexität der Welt (verwickelte Hierarchien, schwache Kausalität, Zufallsereignisse, Nichtlinearität), Erkenntnisgrenzen
evolutives Verhalten im wesentlichen	darwinistisch (tolerant, viele ökologische Nischen)	nicht-darwinistisch (alles-oder-nichts-Entscheidungen)
verlorene Information	(ausgestorbene Arten) unwiderruflich verloren	(vergessene Theorie) kann neu formuliert werden
Vorgänge	unbewußt, opportunistisch	bewußt, kritisch
Variationen	ziellos, *blind* spielerisch	gezielt, nicht blind systematisch
hervorgerufen durch	Kopierfehler	Probleme
Informations-übertragung	durch genetische Vererbung an die eigenen *Nachkommen*	durch Bekanntgabe gegenüber *allen* interessierten Wissenschaftlern
Fortschritt	ist ein unvermeidliches, aber unbeabsichtigtes *Nebenprodukt* evolutiver Prozesse	*ist beabsichtigt*, jedenfalls erhofft, kann aber verfehlt und nicht bewiesen werden
Neuerungen	quasi-kontinuierlich (»graduell«), konservativ (Sprünge sind zu riskant)	meist sprunghaft, manchmal radikal
Wandel	»evolutionär«	»revolutionär«
Einschränkungen für Versuche	zahlreiche (wenige evolutive »Lizenzen«)	wenige (»die Gedanken sind frei«)

	Evolutionäre Erkenntnistheorie	Evolutionäre Wissenschaftstheorie
Natur der Beschränkungen	hauptsächlich historisch (z. B. keine sechsfüßigen Säugetiere), Evolution bedeutet »Umbau ohne Schließung des Betriebs« (Osche)	vor allem logische (z. B. Widerspruchsfreiheit), aber auch erkenntnistheoretische: Formulierbarkeit in einer endlichen, rekursiven, intersubjektiven, argumentativen Sprache; Projizierbarkeit auf unsere physische Peripherie
Lernstrategie	»Die Natur« (Evolution, Phylogenese) lernt nicht aus ihren Fehlern, sondern nur aus ihren Erfolgen (»poststabilisierte Harmonie«)	(einige) Wissenschaftler lernen aus ihren Fehlern und denen anderer, können sie zu vermeiden suchen und dabei Erfolg haben
Leib-Seele-Problem	eine monistische Position (Identitätstheorie) liegt der Evolutionären Erkenntnistheorie zugrunde; der Dualismus oder Poppers Drei-Welten-Lehre sind nicht mit der Evolutionären Erkenntnistheorie vereinbar.	wenig Relevanz für eine Evolutionäre Wissenschaftstheorie

Tab. 3. Unterschiede zwischen Evolutionärer Erkenntnistheorie und Evolutionärer Wissenschaftstheorie

dete Evolutionsbegriff ist jedoch sehr allgemein. Er ist im Grunde sogar universell: *Alle realen Systeme unterliegen der Evolution.* Sie gehorchen jedoch nicht denselben Evolutions*gesetzen* (vgl. Vollmer 1989). Insbesondere brauchen sie nicht gerade Darwinschen Prinzipien zu genügen. Und das führt uns zu unserer Hauptfrage zurück: Verläuft die Evolution der Wissenschaft darwinistisch?

Was Evolutionäre Erkenntnistheorie nicht ist   147

Wieder stehen wir einem verzwickten terminologischen Problem gegenüber: Wann ist ein evolutionärer Prozeß überhaupt *darwinistisch*, und wann ist eine Theorie, die diesen Prozeß beschreibt, eine *darwinistische* Theorie? Sind Darwins persönliche Überzeugungen dafür relevant? Sind sie entscheidend? Aber ausgerechnet Darwin glaubte (worin er Lamarck folgte), daß erworbene Eigenschaften vererbt werden könnten! War also einmal Darwin ein Darwinist? Welche Prinzipien sind eigentlich konstitutiv für eine darwinistische Theorie der Evolution und welche sind peripher? Ist das Prinzip der natürlichen Auslese ausreichend, um den Darwinismus zu charakterisieren, oder ist es nur einer von vielen notwendigen Bausteinen? Wie weit dürfen wir Darwins Theorie *ergänzen*, ohne sie zu entstellen, und – noch brisanter – wieviel dürfen wir von ihr *opfern, ohne sie zu zerstören*?

Wieder werden wir nicht versuchen, alle diese Fragen zu beantworten (s. aber Vollmer 1989). Vor allem werden wir keine vollständige Charakterisierung der Darwinschen Theorie geben. Wir werden uns vielmehr damit begnügen, einige der wichtigsten Merkmale der biologischen Evolution hervorzuheben, nämlich Replikation, Vererbung genetischer Information, Variation durch Mutation und Genrekombination und schließlich (und vor allem) differentielle Reproduktion aufgrund unterschiedlicher Tauglichkeit (üblicherweise »natürliche Selektion« genannt). Diese Merkmale sind wesentliche und unverzichtbare Bestandteile der Darwinschen Theorie: Unterschlägt man eines von ihnen, so gibt es überhaupt keine Evolution mehr.

Da nun die Evolutionäre Erkenntnistheorie die Evolution kognitiver Systeme als echten Bestandteil der biologischen Evolution deutet, stützt sie sich fraglos auf die Evolutionstheorie. Die zuvor genannten Prinzipien sind deshalb unauflöslich in das beschreibende und erklärende, explikative und argumentative Gewebe der Evolutionären Erkenntnistheorie eingearbeitet. Diese evolutiven Merkmale finden sich jedoch *nicht* in der Evolution wissenschaftlicher Erkenntnis. Die Evolution der Wissenschaft ist trotz aller Ähnlichkeiten, Analogien und Parallelen *nicht darwinistisch*.

Natürlich könnten wir diese Merkmale zu weniger speziellen Prinzipien *verallgemeinern*, zum Beispiel zu Informationsübertragung mit Variation und selektiver Bewahrung oder zu reiner Selektion. Diese Begriffe können versuchsweise und sogar erfolgreich benützt werden, um die Evolution wissenschaftlicher Theorien zu beschreiben. Sind sie aber noch darwinistisch? Da sie *Verallgemeinerungen* Darwinscher Prinzipien sind, können sie letzteren nicht *widersprechen*. Da sie aber so allgemein sind, sind sie gleichzeitig auch viel *zu schwach*, um die biologische Evolution angemessen zu erfassen. Das ist bereits mehrfach von Autoren gezeigt worden, die darwinistische Modelle der Wissenschaftsentwicklung kritisieren.[4]

Es stellt sich heraus, daß die Gemeinsamkeiten zwischen einer darwinistischen Theorie über die Evolution kognitiver Systeme (Evolutionäre Erkenntnistheorie im Lorenzschen Sinne) und einer evolutionären, aber nicht-darwinistischen Wissenschaftstheorie (im Popperschen Sinne) äußerst beschränkt sind. Mit anderen Worten, der größte gemeinsame Teiler des Lorenzschen und des Popperschen Ansatzes ist enttäuschend klein.

Somit ist der Ausdruck »Evolutionäre Erkenntnistheorie«, wie er jetzt gebraucht wird, unklar und sogar zweideutig, da er für zwei verschiedene Unternehmungen steht. Wir könnten es dabei bewenden lassen und die Zweideutigkeit unseres Begriffs im Gedächtnis behalten. Wir könnten seine Bedeutung auch einschränken auf jenen schmalen Überlappungsbereich, der durch einige recht allgemeine Begriffe wie »Informationsübertragung«, »Variation« und »Selektion« charakterisiert ist. Diese Lösung würde jedoch weder Lorenz noch Popper gerecht werden. Schließlich könnten wir uns auch um der Klarheit willen entscheiden, unseren Aus-

Was Evolutionäre Erkenntnistheorie nicht ist 149

druck nur für einen der beiden Ansätze (und nicht für den anderen) zu verwenden.

Meine eigene Entscheidung in dieser Frage habe ich schon 1973 getroffen, und sie ist bereits in Tabelle 3 eingegangen: Ich schlage vor, den Lorenzschen Ansatz »Evolutionäre Erkenntnistheorie« zu nennen und den Popperschen anders.[5] Aber das ist natürlich eine terminologische Entscheidung, also zum Teil eine Geschmacksfrage. Viel wichtiger ist die *Tatsache*, daß die beiden Ansätze wesentlich verschieden sind, und zwar viel unterschiedlicher, als ihre Anhänger und ihre Kritiker zu bemerken scheinen. Wir sollten deshalb immer deutlich sagen, wovon wir reden.

In den folgenden Abschnitten bedeutet jedenfalls der Ausdruck »Evolutionäre Erkenntnistheorie« den Versuch, kognitive Systeme mit einem evolutionären und sogar darwinistischen Ansatz zu erfassen. Die Evolutionäre Erkenntnistheorie in diesem Sinne geht davon aus, daß unser Zentralnervensystem und unser Gehirn Ergebnisse der biologischen Evolution, also von Anpassungs- und Selektionsprozessen sind, und versucht, aus dieser These erkenntnistheoretische und anthropologische Folgerungen zu ziehen.

Deutet die Evolutionäre Erkenntnistheorie evolutiven Erfolg als Wahrheitskriterium?

Gefragt wird *nicht*, ob unser Wahrheitsbegriff der Evolution unterliegt (das tut er!) oder ob unsere Zuschreibungen von Wahrheit und Falschheit sich in der Zeit ändern (sie tun es!). Wir stehen vielmehr vor dem Problem, wie man Wahrheit definieren und erkennen soll. Im Prinzip wäre es natürlich *möglich*, einen pragmatistischen Wahrheitsbegriff zu benützen, insbesondere evolutiven Erfolg mit Wahrheit gleichzusetzen oder als notwendiges und hinreichendes Wahrheitskriterium zu verwenden. Das aber wäre ein zwei-

150 *Was Evolutionäre Erkenntnistheorie nicht ist*

felhafter Schritt, und meines Wissens hat kein Vertreter der Evolutionären Erkenntnistheorie bewußt diesen Weg eingeschlagen. Die Evolutionäre Erkenntnistheorie arbeitet vielmehr mit der Korrespondenztheorie der Wahrheit.

Eine solche Auffassung kann nicht mit evolutionären Gründen gerechtfertigt werden. Das eigentliche Kriterium für evolutiven Erfolg ist Fitness, nicht Wahrheit, und im Hinblick auf eine spezielle ökologische Nische *kann* Fitness durchaus auf beschränkten oder sogar verfälschenden kognitiven Mitteln beruhen. Ob die »angeborenen Ideen« eines Lebewesens, ob seine genetisch bedingten kognitiven Strukturen korrekt sind, ob sie angemessen sind, nicht nur mit der Realität *einig zu werden*, sondern eine (partiell isomorphe) interne *Rekonstruktion* der Welt zu liefern, kann nicht nach seinem Überleben allein beurteilt werden.

Es gibt ein viel besseres Kriterium für die Adäquatheit mesokosmischer Erkenntnis, nämlich wissenschaftliche Erkenntnis. Letztere hängt *nicht* entscheidend von unserem biologischen Erbe ab. Natürlich ist auch unsere wissenschaftliche Erkenntnis niemals endgültig, perfekt oder absolut. In dieser Hinsicht kann auch unsere Beurteilung biologisch bedingten Wissens niemals endgültig sein. Wenn es jedoch überhaupt Sinn hat, in der *Wissenschaft* von Wahrheit zu reden, wenigstens im Sinne einer regulativen Idee, dann sind wir gleichermaßen berechtigt, von der Wahrheit *mesokosmischer Erkenntnis* zu sprechen.

Das zeigt, daß der Ausdruck »Evolutionäre Erkenntnistheorie« nicht bedeutet, daß alle erkenntnistheoretischen Probleme durch Rückgang auf die biologische Evolution gelöst wären oder gelöst werden könnten. Weder wird das von den Vertretern der Evolutionären Erkenntnistheorie behauptet noch sollte es von ihren Kritikern gefordert werden. Löst etwa die Transzendentalphilosophie *alle* erkenntnistheoretischen Probleme über eine transzendentale Argumentation? Beantworten Phänomenologie oder Hermeneutik *alle* Fragen phänomenologisch oder hermeneutisch? Bestimmt nicht.

Was die Evolutionäre Erkenntnistheorie auszeichnet, ist ihr Bezug auf die Tatsachen und die Gesetze der biologischen Evolution, und dieser ungewöhnliche Zug rechtfertigt das Beiwort »evolutionär« völlig, selbst wenn viele Probleme nicht-evolutionären Betrachtungen überlassen bleiben müssen.

Die interne Rekonstruktion eines äußeren Objekts oder einer äußeren Struktur kann richtig oder unzutreffend sein. Es ist klar, daß ihre Richtigkeit die Fitness eines Lebewesens erhöht. Unter den Bedingungen der inner- oder zwischenartlichen Konkurrenz liefert besseres Wissen über die äußere Welt einen höheren Überlebenswert. Das gilt jedenfalls, solange die Kosten für besseres Wissen nicht zu hoch sind. Allerdings dürfen unter Konkurrenz (also im »Kampf ums Dasein«) Kosten-Nutzen-Relationen nicht übersehen werden. Verschiedene ökologische Nischen führen zu verschiedenen kognitiven Bedürfnissen und Vorteilen und deshalb zu *verschiedenen* kognitiven Systemen.

Somit erklärt die Evolutionäre Erkenntnistheorie erstens die *Existenz* kognitiver Systeme (durch den Überlebenswert von Erkenntnis), zweitens die *Vielfalt* kognitiver Systeme (durch Bezug auf die Vielfalt ökologischer Nischen), drittens die *partielle Korrektheit* oder Adäquatheit kognitiver Strukturen (über ihren Fitness-erhöhenden Effekt) und viertens ihr gelegentliches *Versagen* (über Kosten-Nutzen-Betrachtungen).

Wenn wir tatsächlich berechtigt sind, die Existenz korrekter Weltbilder über ihren Überlebenswert zu erklären, können wir dann nicht das Überleben kognitiver Systeme als einen *Hinweis* auf die Korrektheit ihrer internen Rekonstruktionen deuten? Natürlich würde niemand dieses Argument als einen gültigen deduktiven Schluß ansehen. Um es zu wiederholen: Die Evolutionäre Erkenntnistheorie benützt das Überleben oder den evolutiven Erfolg nicht als Wahrheitskriterium. Tatsächlich sind diese dafür weder notwendig noch hinreichend. Aber zwischen einem deduktiv zwingen-

152   *Was Evolutionäre Erkenntnistheorie nicht ist*

den Schluß und einem bloßen logischen Fehlschluß gibt es ein ganzes Typenspektrum von Argumenten. Und zu diesem Spektrum gehört auch die Tatsache, daß die Wahrheit einer Konklusion unter bestimmten Bedingungen die Wahrheit der Prämissen *stützen* kann. Von genau dieser Art »stützenden« Argumentierens machen wir Gebrauch in der Wissenschaft, wenn wir einer Theorie Vertrauen schenken, die ernsthaft getestet wurde und den Test unbeschadet überstanden hat. Und von genau demselben Argument macht die Evolutionäre Erkenntnistheorie Gebrauch, wenn sie *evolutiven Erfolg unter Konkurrenz als Indiz für Wahrheit* benützt.

Arbeitet die Evolutionäre Erkenntnistheorie mit einem vitiösen Zirkel?

Gelegentlich wird der Evolutionären Erkenntnistheorie vorgeworfen, sie argumentiere zirkulär. Solche Einwände nehmen ganz verschiedene Formen an. Wir können sie hier nicht alle studieren.[6] Ein spezieller Vorwurf jedoch taucht regelmäßig dann auf, wenn Anhänger oder Kritiker die Evolutionäre Erkenntnistheorie mit einer Evolutionären Wissenschaftstheorie verwechseln, und deshalb sollte dieser Vorwurf in diesem Rahmen behandelt werden. Wir wollen versuchen, ihn zu formulieren und zu widerlegen.

Die Evolutionäre Erkenntnistheorie stützt sich auf *Wissenschaft*, also auf Theorien über die physikalische Struktur der Welt im allgemeinen, auf die Theorie der biologischen Evolution im besonderen. Andererseits erhebt die Evolutionäre Erkenntnistheorie den Anspruch, *erkenntnistheoretisch* relevant zu sein. Sie gibt uns Hinweise auf die Zuverlässigkeit unseres Erkenntnisapparates; sie zeigt, warum Intuition oder Anschaulichkeit nicht als Wahrheitskriterien benützt werden können; sie erklärt die Passung zwischen unseren kognitiven Strukturen und der äußeren Welt; sie spricht über die Möglichkeit und die Nichterweisbarkeit objektiver Erkenntnis usw. Wie ist das möglich? Ist nicht die Theorie des Wissens dem Wissen, ist nicht *die Erkenntnistheorie der Erkenntnis vorgeordnet*? Wäre es nicht ein vitiöser Zirkel, wissenschaftliches Wissen zu benützen, wenn wir die Wissenschaft selbst zu untermauern oder in Frage zu stellen versuchen?

Tatsächlich gibt es eine gewisse Zirkularität in der argumentativen Struktur der Erkenntnistheorie. Hier liegt jedoch kein vitiöser, sondern ein *virtuoser* Zirkel vor. Was wir finden, ist genauer eine selbstkorrigierende Rückkopplungsstruktur zwischen unserer Erkenntnis und unserer Erkenntnistheorie. Wir beginnen mit Alltagswissen, formulieren und beantworten dann die ersten naiven Fragen über Erkenntnis, wobei wir sie korrigieren und verbessern, machen dann eine Kehrtwendung, um über unser verbessertes Wissen nachzudenken, wodurch wir die Erkenntnistheorie eröffnen, und in einer weiteren Kehrtwendung kritisieren und verbessern wir Wissenschaft und wissenschaftliche Erkenntnis, und so weiter. In diesem virtuosen Zirkel beeinflußt jede Seite die andere und zieht zugleich Nutzen aus ihr.

Diese Charakterisierung der Beziehung zwischen Erkenntnis und Erkenntnistheorie gilt sowohl in historischer als auch in systematischer Hinsicht: Erkenntnistheoretische Bemühungen haben sich in einem virtuosen Zirkel mit der Wissenschaft *entwickelt*, und erkenntnistheoretische Argumente können ganz analog *rekonstruiert* werden. Wie schon Einstein bemerkt: »Erkenntnistheorie ohne Kontakt mit Science wird zum leeren Schema. Science ohne Erkenntnistheorie ist – soweit überhaupt denkbar – primitiv und verworren.« (Schilpp 1979, S. 507.)

Die Evolutionäre Erkenntnistheorie paßt genau in eine solche Beschreibung. Sie nimmt die Existenz von Erkenntnis als empirische Tatsache und versucht, einige Probleme in bezug auf menschliche Erkenntnis zu lösen. Dabei macht sie ausgiebig Gebrauch von der Evolutionstheorie, die hier auf kognitive Systeme angewandt wird. Ihr hauptsächliches Anwendungsgebiet ist jedoch mesokosmische Erkenntnis, also Wahrnehmung, Anschauung und vorwissenschaftliche Erfahrung, Alltagsverständigung und naive Schlußweisen. Wissenschaftliche Erkenntnis dagegen ist für die Evolutionäre Erkenntnistheorie zwar relevant, aber nicht ihr eigentlicher Gegenstand. Deshalb kann die Evolutionäre Erkenntnistheorie wissenschaftliche Theorien weder stützen noch widerlegen, schon gar nicht die Evolutionstheorie (die vorausgesetzt und benützt wird). Nimmt man diese Einschränkung ernst, so läßt sich ein weiterer häufig gehörter Einwand beantworten.

Ist die Evolutionäre Erkenntnistheorie für die Wissenschaftstheorie überhaupt relevant?

Die Evolutionäre Erkenntnistheorie erhebt den Anspruch, die biologischen, genetischen, evolutionären Wurzeln menschlicher Erkenntnis auszugraben. Wenn sie diese Aufgaben erfüllen will, müßte sie dann nicht die biologischen Wurzeln wissenschaftlicher Theorien wie der Gruppentheorie, der Relativitätstheorie, der Quantenchromodynamik, der Kosmologie, der Molekularbiologie, der Evolutionstheorie oder sogar der Evolutionären Erkenntnistheorie angeben können?
Die Antwort auf diese Frage ist ein klares *Nein*. Die Evolutionäre Erkenntnistheorie ist nicht in der Lage und hat auch niemals versprochen, die biologischen Wurzeln *spezieller* wissenschaftlicher Theorien auszugraben. Natürlich hätte niemand etwas dagegen, solche Wurzeln zu finden, wenn es sie gäbe! Aber gibt es sie denn? Die Evolutionäre Erkenntnistheorie ist in erster Linie relevant und anwendbar für mesokosmische, nicht für wissenschaftliche Erkenntnis. Sie erklärt die biologischen Wurzeln unserer topologischen,

Was Evolutionäre Erkenntnistheorie nicht ist **155**

metrischen, zeitlichen, informationellen, logischen, statistischen, kausalen intuitiven Vorstellungen, nicht dagegen Theorien der Physik, die jenen Intuitionen explizit *widersprechen*. Und dies ist auch gar nicht zu erwarten. Wenn nämlich unsere mesokosmischen Auffassungen tatsächlich biologisch bedingt sind, wie sollten solche Bedingungen zugleich Wurzeln sein können für Theorien, die in offenkundigem Widerspruch zu ihnen stehen? Und wenn solche Wurzeln nicht existieren, wie sollte die Evolutionäre Erkenntnistheorie sie dann ausgraben können?

Ganz ohne Zweifel entsteht diese verfehlte Forderung an die Evolutionäre Erkenntnistheorie durch den mehrdeutigen und deshalb irreführenden Gebrauch des Ausdrucks »Evolutionäre Erkenntnistheorie«. Wenn man Fragen, die Ursprung und Struktur, Zuverlässigkeit und Grenzen unseres Erkenntnisapparates betreffen, vermischt mit Fragen über die Evolution *wissenschaftlicher* Erkenntnis, dann sind solche Mißverständnisse geradezu unvermeidlich. Sie können aber durchaus vermieden werden, wenn man den Ausdruck »Evolutionäre Erkenntnistheorie« auf die erste Klasse von Problemen beschränkt.

Daß es keine biologischen Wurzeln für *spezielle* wissenschaftliche Theorien gibt, bedeutet nicht, daß es solche auch für die *Wissenschaft im allgemeinen* nicht gäbe. Gedächtnis und Lernvermögen, Neugier, Abstraktion und Generalisation, Schaffung und Gebrauch von Begriffen, Bildung von Hypothesen, kommunikative Bedürfnisse, Gebrauch einer deskriptiven und argumentativen Sprache, eine kritische Haltung und das Bedürfnis nach intersubjektiver Zustimmung – all das sind in der Tat typisch menschliche Züge, die biologisch verwurzelt und zugleich für die Wissenschaft konstitutiv sind. Hier liegt ein weites Feld, das von einer Evolutionären Neurowissenschaft, einer Evolutionären Psychologie und der Evolutionären Erkenntnistheorie erforscht werden kann und erforscht werden sollte.

In noch einer weiteren Hinsicht trägt die Evolutionäre Erkenntnistheorie effektiv zur Wissenschaftstheorie bei. Obwohl sie die biologischen Wurzeln der jüngsten wissenschaftlichen Theorien nicht vorweisen kann (weil sie vermutlich gar nicht existieren), kann sie doch einige interessante *negative* Erscheinungen der Wissenschaftsgeschichte erklären. Viele wissenschaftliche Disziplinen haben mit Hypothesen und Theorien begonnen, die heute als *falsch* angesehen werden, die jedoch von ihren Schöpfern und deren Zeitgenossen als durchaus *überzeugend* angesehen wurden. Diese frühen Auffassungen wurden akzeptiert, weil sie ungeachtet ihrer Falschheit durchaus *geeignet* waren, einer in charakteristischer Weise eingeschränkten Klasse von Beobachtungen gerecht zu werden. Aristoteles' Bewegungslehre zum Beispiel, aber auch die geozentrische Astronomie, die Impetustheorie der vor-Newtonschen Ära oder die Theorien der vier (oder mehr) Elemente sind der Welt der mittleren Dimensionen durchaus angemessen.

Wie sich in psychologischen Experimenten herausgestellt hat, entsprechen solche frühen Auffassungen viel mehr unserem *intuitiven* Erfassen von Objekten, Ereignissen, Prozessen, Bezugssystemen, Wahrscheinlichkeiten usw., als unsere jüngeren wissenschaftlichen Theorien das jemals erhoffen oder beanspruchen könnten (s. hierzu: Tversky/Kahnemann 1981; Kahnemann/Tversky 1982; Clement 1982; McCloskey 1983; Vollmer 1985, S. 116–127, 146–150). Jene Vorstellungen sind in der Regel nicht bloße Erfindung, nicht Ausgeburten einer wilden, frei schwebenden Phantasie, willkürlich entworfen und dann dogmatisch beibehalten. Vielmehr sind sie hervorragend anwendbar auf die Welt der mittleren Dimensionen, sind sie wahrhaft *mesokosmisch*. Das erklärt, warum sie entworfen, akzeptiert und schließlich sogar gegenüber widersprechenden Fakten beibehalten wurden.

So erklärt die Evolutionäre Erkenntnistheorie zwar nicht die *Erfolge* der Wissenschaft, aber wenigstens ihre *Mißerfolge*. Das ist Grund genug, ihre Relevanz für die Geschichte und die Philosophie der Wissenschaft zu betonen.

Anmerkungen

1 Wenn also Riedl und Kaspar alle Organismen mit einem ratiomorphen kognitiven Prinzip ausstatten, das sie »die Hypothese vom Ver-Gleichbaren« nennen und charakterisieren als »die Erwartung, daß das Ungleiche in der Wahrnehmung der Dinge ausgeglichen werden dürfe und daß sich ähnliche Sachen, obwohl sie offenbar nicht dasselbe sind, auch in manchen noch nicht wahrgenommenen Eigenschaften als vergleichbar erweisen würden« (vgl. Riedl 1980, S. 93; auch in: Lorenz/Wuketits 1983, S. 135 f. [Kaspar] und 157 [Riedl]), dann muß diese Hypothese ergänzt werden durch eine entsprechende »Hypothese vom Unterscheidbaren«, charakterisiert als die Erwartung, daß Gegenstände, die als verschieden erkannt wurden, sich auch in manchen noch nicht wahrgenommenen Eigenschaften als unterschiedlich erweisen werden.

2 Man könnte die Tabelle natürlich ergänzen durch eine Spalte für Piagets Genetische Erkenntnistheorie, die *ontogenetische* statt phylogenetischer und historischer Prozesse untersucht. Das wäre möglich und heuristisch fruchtbar, und ich habe solche Übersichten in anderen Zusammenhängen gegeben, in denen es zum Beispiel darum geht, welche Aussichten wir haben, unsere Erkenntnis zu verbessern oder ganz zu verlieren. Hier jedoch befassen wir uns hauptsächlich mit der Unterscheidung zwischen den beiden Arten von Evolutionärer Erkenntnistheorie, die – unglücklicherweise – dieselbe Bezeichnung tragen und dadurch viel Verwirrung stiften, wenn sie nicht sorgfältig unterschieden und auseinandergehalten werden.

Allerdings kann Piagets zweideutiger Ausdruck »Genetische Erkenntnistheorie« zu einem *ähnlichen* Mißverständnis führen. Denn »genetisch« könnte abgeleitet sein entweder von »Genese« oder von »Gen«. Die Genetische Erkenntnistheorie wäre dann eine Disziplin, die entweder untersucht, wie Erkenntnis und Wissen *entstehen*, oder, wie sie durch die *Gene*, also genetisch im biologischen Sinne, beeinflußt oder sogar determiniert werden. Und die Entstehung des Wissens hat ihrerseits phylogenetische, historische und ontogenetische Aspekte. Welcher dieser Aspekte also ist in der »Genetischen Erkenntnistheorie« angesprochen?

Es ist bekannt, daß Jean Piaget persönlich an allen dreien dieser verschiedenen Perspektiven *interessiert* war. Das läßt sich an der thematischen Breite und am Inhalt seiner wissenschaftlichen Arbeiten leicht belegen, zum Beispiel an seinem Buch *Biologie und Erkenntnis* (1974). Es wird auch deutlich in der folgenden Bemerkung:

»Unser Problem läßt sich folgendermaßen formulieren: vermittels welcher Leistungen geht der menschliche Geist von einem Stand weniger befriedigender Erkenntnis zu einem Stand höherer Erkenntnis über? [. . .] Das fruchtbarste und sich am ehesten anbietende Feld der Untersuchung wäre natürlich die Rekonstruktion der menschlichen Geschichte – der Geschichte des menschlichen Denkens vom vorgeschichtlichen Menschen an. Doch leider wissen wir über die Psychologie des Neandertalers oder diejenige des *Homo siniensis* von Teilhard de Chardin nicht sehr viel. Da uns diese Dimension der Biogenese nicht zugänglich ist, werden wir uns wie die Biologen der Ontogenese zuwenden müssen.« (Piaget 1973, S. 20 f.)

Daran wird deutlich, daß Piaget eine evolutionäre Betrachtung der menschlichen Erkenntnis, wie sie von der Evolutionären Erkenntnistheorie angestrebt wird, begrüßt hätte. Aber es ist auch klar und – nebenbei – wohlbekannt, daß Piagets Werk ontogenetisch orientiert ist und daß seine »Genetische« Erkenntnistheorie sich auf die *Genesis* der Erkenntnis im Individuum bezieht. Das gilt in einem Maße, daß Hans G. Furth, einer seiner Schüler und Interpreten, im Vorwort zu seinem Buch über Piaget die folgende vielsagende Bemerkung macht:

»Ich vermag nicht zu sehen, wie man sein [Piagets] Modell der Intelligenz akzeptieren kann, wenn man Intelligenz nicht als eine Verlängerung der organischen Entwicklung auffaßt. Ohne eine biologische Basis wird Piagets formallogisches Modell das, als was es vielen fälschlich erscheint: ein kaltes, artifizielles Schlußsystem ohne Bedeutung für das wirkliche sinnliche Leben.« (Furth 1972, S. 19.)

Obwohl also die Genetische und die Evolutionäre Erkenntnistheorie viel miteinander gemeinsam haben (was Gegenstand einer weiteren Untersuchung sein könnte), sind sie doch voneinander deutlich verschieden und laufen nicht Gefahr, miteinander verwechselt zu werden. Schließlich tragen sie ja auch verschiedene Namen.

3 Für die Unterscheidung zwischen normaler Wissenschaft und wissenschaftlichen Revolutionen vgl. Kuhn (1967).
Für eine verneinende Antwort auf unsere Frage vgl. Toulmin (1974).

Was Evolutionäre Erkenntnistheorie nicht ist · 159

4 Deutliche Kritik an einer Evolutionären *Wissenschaftstheorie* übt Thagard (1981). Er zeigt überzeugend, »daß die Ähnlichkeiten zwischen biologischer und wissenschaftlicher Entwicklung oberflächlich sind und daß eine genauere Untersuchung der Wissenschaftsgeschichte die Notwendigkeit eines nicht-darwinistischen Ansatzes für eine historische Erkenntnistheorie belegt« (S. 187). Und in einer Fußnote zu dieser Bemerkung fügt er hinzu (S. 193): »Meine Kritik der Evolutionären Erkenntnistheorie bezieht sich nicht auf die Behauptung, die Humanbiologie könne für die Erkenntnistheorie in einer unmittelbaren Weise relevant sein, zum Beispiel bei Diskussionen über angeborene Ideen [...]. Auch geht es mir dabei nicht um die ›Genetische Erkenntnistheorie‹ von Piaget [...].«
Eine weitere Kritik findet sich in Cohen (1973), worin der Autor zum Ergebnis kommt, Toulmins »evolutionäres Modell für die Geschichte intellektueller Disziplinen« könne »nicht mit dem Nimbus Darwinscher Respektabilität vertreten werden« (S. 41). Auch hier ist es nicht die *evolutionäre* Entwicklungsweise, die der Wissenschaft abgesprochen wird (wie der Titel nahezulegen scheint), sondern der spezifisch Darwinsche Charakter ihrer Evolution. Und es ist auch überhaupt nicht die Evolutionäre Erkenntnistheorie im Lorenzschen Sinne, die von Cohen kritisiert wird. – Vgl. auch Losee (1977) und Currie (1978).

5 Gemäß dieser terminologischen Entscheidung behandeln gar nicht alle Arbeiten die »eigentliche« Evolutionäre Erkenntnistheorie, die sie im Titel führen.

6 Eine umfassende Zusammenstellung und Widerlegung der häufigsten Zirkelvorwürfe gegen die Evolutionäre Erkenntnistheorie gibt Vollmer (1985).

Literatur

Campbell, Donald T.: Natural Selection as an Epistemological Model. In: Raoul Naroll/Ronald Cohen (Hrsg.): A Handbook of Method in Cultural Anthropology. Garden City 1970. S. 51–85.
– Evolutionary Epistemology. In: Paul A. Schilpp (Hrsg.): The Philosophy of Karl Popper. Bd. 1. La Salle 1974. S. 413–463.
Chaitin, Gregory J.: Randomness and Mathematical Proof. In: Scientific American 232 (Mai 1975) S. 47–52.

160   *Was Evolutionäre Erkenntnistheorie nicht ist*

Clement, John: Students' Preconceptions in Introductory Mechanics. In: American Journal of Physics 50 (Jan. 1982) S. 66–71.

Cohen, L. Jonathan: Is the Progress of Science Evolutionary? In: British Journal for the Philosophy of Science 24 (1973) S. 41–61.

Currie, Gregory: Popper's Evolutionary Epistemology: A Critique. In: Synthese 37 (1978) S. 413–431.

Furth, Hans G.: Intelligenz und Erkennen. Die Grundlagen der genetischen Erkenntnistheorie Piagets. Frankfurt a. M. 1972.

Kahnemann, Daniel / Tversky, Amos: Risiko nach Maß – Psychologie der Entscheidungspräferenzen. In: Spektrum der Wissenschaft (Jan. 1982) S. 89–98.

Kaspar, Robert: Die biologischen Grundlagen der evolutionären Erkenntnistheorie. In: Lorenz/Wuketits (1983). S. 125–145.

Kuhn, Thomas S.: Die Struktur wissenschaftlicher Revolutionen. Frankfurt a. M. 1967.

Lorenz, Konrad: Die Rückseite des Spiegels. München/Zürich 1973.

Lorenz, Konrad / Kreuzer, Franz: Leben ist Lernen. München/Zürich 1981.

Lorenz, Konrad / Wuketits, Franz M. (Hrsg.): Die Evolution des Denkens. München/Zürich 1983.

Losee, John: Limitations of an Evolutionist Philosophy of Science. In: Studies in the History and Philosophy of Science (1977) S. 349–352.

McCloskey, Michael: Irrwege der Intuition in der Physik. In: Spektrum der Wissenschaft (Juni 1983) S. 88–99.

Piaget, Jean: Einführung in die genetische Erkenntnistheorie. Frankfurt a. M. 1973.

– Biologie und Erkenntnis. Frankfurt a. M. 1974.

Popper, Karl R.: Replies to My Critics. In: Paul A. Schilpp (Hrsg.): The Philosophy of Karl Popper. Bd. 2. La Salle 1974.

Popper, Karl R. / Lorenz, Konrad: Die Zukunft ist offen. München/Zürich 1985.

Riedl, Rupert: Biologie der Erkenntnis. Berlin/Hamburg 1980.

Schilpp, Paul A. (Hrsg.): Albert Einstein als Philosoph und Naturforscher. Stuttgart 1979.

Thagard, Paul: Against Evolutionary Epistemology. In: Peter D. Asquith / Ronald M. Giere (Hrsg.): PSA 1980. Bd. 1. East Lansing 1981. S. 187–196.

Toulmin, Stephen E.: Voraussicht und Verstehen. Ein Versuch über die Ziele der Wissenschaft. Frankfurt a. M. 1968.

– Die evolutionäre Entwicklung der Naturwissenschaft. In: Werner

Was Evolutionäre Erkenntnistheorie nicht ist   161

Diederich (Hrsg.): Theorien der Wissenschaftsgeschichte. Frankfurt a. M. 1974. S. 249–275.
– Menschliches Erkennen. Bd. 1: Kritik der kollektiven Vernunft. Frankfurt a. M. 1978.
Tversky, Amos / Kahnemann, Daniel: The Framing of Decisions and the Psychology of Choice. In: Science 211 (1981) S. 453–458.
Vollmer, Gerhard: Was können wir wissen? Bd. 1: Die Natur der Erkenntnis. Stuttgart 1985. ²1988.
– The Concept of Evolution as a Synthetic Tool in Science – Its Strengths and Limits. In: Walter A. Koch (Hrsg.): The Nature of Culture. Bochum 1989. S. 500–520. [Deutsch im vorliegenden Band, S. 59–91.]

Sein und Sollen
Möglichkeiten und Grenzen einer Evolutionären Ethik

Seit etwa 1975 hat Ethik wieder Konjunktur. Allenthalben wird nach ethischer Besinnung und nach moralischer Orientierung gerufen, manchmal sogar nach einer ganz neuen Ethik. »Evolution und Ethik«, »Medizin und Ethik«, »Ökologie und Ethik«, »Recht und Moral«, »Technik und Ethik«, »Wirtschaft und Ethik«, »Wissenschaft und Ethik« sind gefragte Themen (und natürlich nicht ganz zufällig Titel von Reclam-Ausgaben). Aber hat diese Diskussion auch Fortschritte gebracht? Ich denke, daß es hier wenigstens drei Fortschritte gibt: erstens die Tatsache, daß auch Theologen in moralphilosophischen Fragen auf Letztbegründungen verzichten; zweitens die Entwicklung der Spieltheorie zu einem Präzisionswerkzeug für ethische Überlegungen; drittens den Beitrag der Soziobiologie zu einem realistischen Menschenbild. Letztere haben beide mit Evolution zu tun: die Spieltheorie mehr im allgemeinen, wenn es etwa um evolutionär stabile Strategien geht, die Soziobiologie mehr im besonderen, da es hier um die Evolution des Sozialverhaltens geht. Es ist daher kein Wunder, wenn neuere Ansätze zur Ethik zu der älteren Bezeichnung »Evolutionäre Ethik« zurückkehren, diese nun aber mit neuen Inhalten füllen.
Evolutionäre Erkenntnistheorie und Evolutionäre Ethik stellen unterschiedliche Fragen (in Kants Redeweise: »Was können wir wissen?« und »Was sollen wir tun?«). Gemeinsam sind ihnen jedoch der naturalistische Ansatz und der Bezug auf die biologische Evolution. Vor allem aber ist es möglich, den Begriff des »Mesokosmos« von der kognitiven auf die soziale Fragestellung zu übertragen. Der soziale Mesokosmos ist dann die Gesamtheit jener sozialen Beziehungen, auf die wir durch die biologische Evolution geprägt

Sein und Sollen 163

sind: kleine Gruppen, jeder kennt jeden, ein wohlgeordnetes hierarchisches System usw. Man erkennt sofort die Nützlichkeit dieses Begriffs, wenn man sich vor Augen führt, was geschieht, wenn die Grenzen des sozialen Mesokosmos laufend überschritten werden, wie das gerade in der heutigen Gesellschaft der Fall ist.

1. *Die evolutionäre Sicht*

Die evolutionäre Sicht hat nicht nur eine *integrative* Funktion, indem sie verschiedene wissenschaftliche Teildisziplinen zusammenbindet; sie hat vielfach auch zu ganz neuen Fragestellungen und Ergebnissen geführt. So ist die Einsicht gewachsen, daß viele Systeme nur als *dynamische* Systeme stabil bleiben können, also nur dadurch, daß in ihnen etwas geschieht; daß sie mit ihrer Umgebung Materie, Energie oder Information austauschen; daß sie sich nicht in einem statischen, sondern in einem dynamischen Gleichgewicht befinden. Das gilt für das Universum als Ganzes (das nicht stillstehen, sondern nur expandieren oder kontrahieren kann), für Hauptreihensterne (die nur stabil sind, solange sie durch Kernfusion Energie gewinnen), für Galaxien und Planetensysteme (die nur als Rotationsgebilde bestehen können), für alle Lebewesen (die gerade dadurch leben, wachsen und sich vermehren, daß sie – über Nahrung und Atmung – entropiearme Energieströme aufnehmen und entropiereiche abgeben und sich so weitab vom thermodynamischen Gleichgewicht halten), für soziale und kulturelle Erscheinungen (die nur erhalten bleiben, wenn sie auch praktiziert werden). Unser Weltbild liegt heute näher bei Heraklit als bei Parmenides.

Natürlich unterliegt auch der Mensch mit allen seinen Eigenheiten, Fähigkeiten und Fehlern der Evolution. Diese Tatsache kann für die Philosophie nicht irrelevant sein. Daß unsere kognitiven Fähigkeiten, unsere sozialen Verhaltensweisen, unsere ästhetische Urteilsbildung Ergebnisse der kosmischen, biologischen, sozialen und kulturellen Evolution sind, hat wichtige Konsequenzen für die zugehörigen philosophischen Disziplinen Erkenntnistheorie, Ethik, Ästhetik. In der *Evolutionären Erkenntnistheorie* wird dieser evolutive Gesichtspunkt für die Diskussion erkenntnistheoretischer Probleme fruchtbar gemacht. (Eine Einführung gibt Vollmer 1990.) Eine *Evolutionäre Ethik* wird den Evolutionsgedanken ganz analog in die ethische Diskussion einzubringen versuchen. Vielleicht kann gerade sie einige der Probleme lösen, die in einer »rein« philosophischen Ethik noch offen bleiben müssen. Eine *Evolutionäre Ästhetik* gibt es noch nicht.

Die Evolutionäre Ethik ist also keineswegs als eine Alternative zur philosophischen Ethik zu sehen, sondern als ein Versuch, in die Ethik *als philosophische Disziplin* evolutive Gesichtspunkte einzubeziehen. Sowenig die Evolutionäre Erkenntnistheorie alle erkenntnistheoretischen Probleme durch Hinweis auf die biologische Evolution löst, zu lösen vorgibt oder auch nur zu lösen hofft, sowenig wird eine Evolutionäre Ethik alle ethischen Probleme allein durch Verweis auf die Evolution lösen. Das Beiwort »evolutionär« kann lediglich andeuten, wie sich die Evolutionäre Ethik von traditionellen Ansätzen *unterscheidet*. Maßstab für eine Beurteilung sollte also sein, ob dadurch überhaupt etwas gewonnen werden kann, und nicht, ob auch gleich alle offenen Fragen beantwortet werden.

Evolution und Ethik können auf vier verschiedene Weisen miteinander in Verbindung gebracht werden. Erstens hat auch die Ethik *als Disziplin* – wie alle wissenschaftlichen Disziplinen – eine Entwicklung mitgemacht. Sie umfaßt etwa die Zeit von den Vorsokratikern bis heute. Diese Entwicklung ist Teil der Philosophie- und Geistesgeschichte und damit der kulturellen Evolution. Die Entwicklung der Ethik ist jedoch *nicht* Gegenstand unserer Betrachtung. Zwar könnte man angesichts der Tatsache, daß auch die

Sein und Sollen 165

Ethik der »Evolution« unterliegt, durchaus von einer »evolutionären Ethik« sprechen. Das ist jedoch weder üblich noch sinnvoll; schließlich sprechen wir nicht von einer »evolutionären Physik«, obwohl auch die Physik als Wissenschaft sich entwickelt (hat) und es also durchaus eine Evolution der Physik gibt. Die *Evolution der Ethik* ist nicht das Thema der Evolutionären Ethik.

Eine zweite mögliche Brücke zwischen Evolution und Ethik liegt in der mehrfach geäußerten Hoffnung, *der Evolution* (als Tatsache) oder der Evolutionstheorie (als deren Beschreibung und Erklärung) ließen sich *ethische Maßstäbe entnehmen.* Tatsächlich ist gerade dieser Versuch häufig als »Evolutionäre Ethik« bezeichnet worden.[1] So *könnte* man es als moralisch richtig (oder gut) ansehen, die Evolution weiterzuführen oder wenigstens nicht zu behindern, zum Beispiel den Trend zur Artenvielfalt oder zu höherer Komplexität fortzusetzen oder zu beschleunigen. Es soll jedoch hier ganz deutlich gesagt werden, daß eine solche Art von »Evolutionärer Ethik« zwar *denkbar, aber nicht ohne Zusatzprämissen realisierbar* ist. Es ist keineswegs selbstverständlich und auch gar nicht einmal der Fall, daß das, was in der kosmischen, biologischen oder sozialen Evolution geschah, geschieht oder geschehen wird, auch immer wünschenswert, wertvoll, gut oder moralisch richtig wäre. Aufgabe einer Evolutionären Ethik, wie sie hier ins Auge gefaßt wird, ist nicht, Normen allein unter Rückgriff auf die Fakten der Evolution zu begründen. Wohl aber könnte es sich lohnen, zu studieren, welche *zusätzlichen* Elemente nötig sind, damit ein solcher Zusammenhang zwischen Evolution und Ethik hergestellt werden kann.

Ein dritter Problemkreis, an dem Evolution und Ethik sich berühren, ist die Frage der zukünftigen Evolution. Dauert die biologische Evolution noch an, kann sie von uns beeinflußt oder gar gesteuert werden? Sollten wir diese Möglichkeit nutzen, in welche Richtung sollten wir die Evolution lenken, und wie sollten wir das anstellen? Die beiden ersten

166   *Sein und Sollen*

Fragen sind Sachfragen, die wir nach eingehender Prüfung wohl bejahen dürfen. Die biologische Evolution dauert an, auch wenn von einer *Höher*entwicklung – selbst in einem bescheidenen objektivierbaren biologischen Sinne – kaum die Rede sein kann. Auch hat der Mensch den Gang der Evolution entscheidend beeinflußt, indem er die beiden wichtigsten Evolutionsfaktoren nachhaltig verändert hat: die Selektion durch medizinische und ernährungstechnische Errungenschaften, die Mutation durch zahlreiche mutagene Substanzen und energiereiche Strahlungsquellen. (Das gilt selbst dann, wenn wir vom Einsatz von Atomwaffen absehen.) Die drei anschließenden Fragen sind dagegen von normativem Charakter und könnten durchaus Gegenstand einer Evolutionären Ethik sein.

Die vierte und für uns wichtigste Verbindung zwischen Evolution und Ethik beruht auf der Tatsache, daß die unserem Verhalten zugrunde liegenden Maßstäbe und Normen nicht unverrückbar festliegen, sondern ihrerseits dauerndem Wandel unterworfen sind. Es gibt keine Norm, die für alle Zeiten, alle Personen, alle Situationen bedingungslos Geltung hätte. Insbesondere ist auch unser soziales Verhalten – ebenso wie das der Tiere – das Ergebnis langer Entwicklungen und sogar der biologischen Evolution. Wir sind weder ganz unabhängig von unserer stammesgeschichtlichen Vergangenheit noch völlig frei in der Wahl unserer Handlungsmaximen. Eine realistische Ethik muß diesen Tatsachen Rechnung tragen: Sie könnte

- eine korrektere *Beschreibung* unseres sozialen Verhaltens und unserer moralischen Urteile liefern,
- zur *Erklärung* unserer moralisch relevanten Verhaltensstrukturen beitragen,
- solches Wissen für die *Prognose* von Handlungsergebnissen nutzbar machen,
- helfen, die langzeitliche *Stabilität* von Normensystemen zu beurteilen,

- neue Erkenntnisse über die Einsichtigkeit, Lehrbarkeit und Realisierbarkeit von Normen bringen,
- zu einer angemessenen *Charakterisierung* moralischer und ethischer Normen beitragen und damit
- den Bereich des »Vernünftigen« in der Ethik weiter abklären helfen.

2. Sein und Sollen

»Das Feld der Philosophie [. . .] läßt sich auf folgende Fragen bringen:
1. Was kann ich wissen?
2. Was soll ich tun?
3. Was darf ich hoffen?
4. Was ist der Mensch?
Die erste Frage beantwortet die Metaphysik, die zweite die Moral, die dritte die Religion, und die vierte die Anthropologie. Im Grunde könnte man aber alles dieses zur Anthropologie rechnen, weil sich die drei ersten Fragen auf die letzte beziehen.« (Kant, *Logik*, A 25)
So hat Kant die Aufgaben des Philosophen formuliert und die Philosophie dabei gleichzeitig in verschiedene Gebiete aufgeteilt. Wie immer man zu dieser Charakterisierung stehen mag, es ist sicher richtig, daß *der Mensch im Zentrum aller philosophischen Betrachtung* steht. Insofern sind Philosophie und Anthropologie nicht nur nicht zu trennen, sondern nahezu identisch. Von einer »philosophischen Anthropologie« zu sprechen ist deshalb letztlich ein Pleonasmus; die Redundanz, die in diesem Ausdruck steckt, kann allenfalls verdeutlichen, daß man eben nicht gewillt ist, sich auf bestimmte *Aspekte* zu beschränken, wie das biologische, psychologische, medizinische, Sozial- oder Kulturanthropologie – für ihre Zwecke sinnvollerweise – tun.
Trotz ihres integrativen Charakters läßt sich doch auch die Philosophie in Teilgebiete zerlegen, und selbst hier sind

168   *Sein und Sollen*

Kants Fragestellungen immer noch richtungweisend. So entspricht die Unterscheidung von theoretischer und praktischer Philosophie durchaus Kants ersten beiden Fragen. Logiker, Erkenntnis- und Wissenschaftstheoretiker, Naturphilosophen versuchen, die erste, Ethiker, Moralphilosophen, Handlungstheoretiker dagegen, die zweite Frage zu beantworten. Geht es hier um das Sein, um Fakten, um Wahrheit, um *Be*schreibung und Erklärung, so geht es dort um das Sollen, um Normen, um Geltung, um *Vor*schreiben und Rechtfertigen.

Diese deutliche Polarität sollte jedoch nicht den Blick dafür verstellen, daß zwischen den so unterschiedenen Fragen und Gebieten enge Beziehungen bestehen, die zwar in ihrer Natur noch nicht ganz geklärt, aber gerade darum besonders interessant sind. Erinnert sei hier an die Mehrdeutigkeit des Begriffs »Gesetz«, der in allen (mir bekannten) Sprachen deskriptive (»Naturgesetz«) *und* normative (»Gesetzgeber«) Aspekte in sich vereinigt, an die Frage, ob Naturgesetze *Erlaß*charakter haben und ob umgekehrt gewisse Grundnormen (Naturrechte) oder Grundwerte in der Natur verwirklicht sind, an die Probleme des naturalistischen Fehlschlusses und allgemeiner an die Sein-Sollens-Problematik.

Wie immer in einer solchen Gegenüberstellung kann man auch beim Verhältnis von Fakten zu Normen mehr die Unterschiede oder mehr die Ähnlichkeiten betonen, mehr das, was sie trennt, oder eben auch das, was sie verbindet. In diesem Beitrag geht es vor allem darum, auf *Beziehungen* hinzuweisen, die in der üblichen Fächertrennung eher übersehen oder falsch eingeschätzt werden.

Ein solches gemeinsames Element ist etwa die Einsicht in die Unvermeidbarkeit des Münchhausen-Trilemmas in allen Bereichen.[2] Sie ist ein entscheidender Baustein des kritischen Rationalismus und des darauf aufbauenden hypothetischen Realismus. Hier wird die *Idee der Letztbegründung* durch die *Idee der kritischen Prüfung* ersetzt. Dieser Schritt

Sein und Sollen 169

erfolgt nicht leichtfertig, sondern aus guten, wenn auch nicht aus »letzten« Gründen. Natürlich glaubt auch der kritische Rationalist nicht, die Idee der Letztbegründung zwingend widerlegen oder die Idee der kritischen Prüfung zwingend begründen zu können. Er stellt nur bedauernd fest, daß *alle bisherigen Versuche einer Letztbegründung gescheitert* sind, und fordert uns auf, es einmal mit der weniger ehrgeizigen Idee der kritischen Prüfung zu versuchen. Die Idee der kritischen Prüfung ist dabei keineswegs inkonsistent (indem sie gerade das versuchte, was sie als unmöglich vermutet und behauptet), sondern *selbstanwendbar* und insofern widerspruchsfrei. Bei dieser Selbstanwendung handelt es sich also durchaus nicht um einen vitiösen, sondern um einen *virtuosen* Zirkel.

Die weitgehende *Analogie* zwischen deskriptiven und normativen Systemen, zwischen Sein und Sollen, sollte nicht zu der Annahme verleiten, es gebe hier überhaupt keine Unterschiede.[3] Die wesentliche Differenz liegt darin, daß deskriptive Aussagen wahr oder falsch sein können, normative dagegen nicht. Deshalb können erstere, wenn sie überhaupt etwas über die Welt sagen, also synthetisch sind, in der Erfahrung überprüft werden und sich dabei bewähren oder eben auch scheitern. Dagegen können Normen empirisch weder auf Wahrheit noch auf Geltung befragt werden (außer in dem wieder nur deskriptiven Sinn der faktischen Anerkennung oder Befolgung durch die meisten oder alle betroffenen Personen).

Tatsachenaussagen können also bestätigt oder widerlegt werden, normative Aussagen nicht. Zwar kann es sein, daß eine Norm nicht anwendbar, nicht durchführbar oder nicht durchsetzbar ist oder zu anderen Normen in Widerspruch steht. Normen und Normensysteme sind also durchaus *kritisierbar*, wenn schon nicht hinsichtlich ihrer Geltung, so doch anhand pragmatischer Kriterien. Kritisierbarkeit ist aber eine schwächere Eigenschaft als Widerlegbarkeit: Jede Widerlegung stellt natürlich eine (besonders scharfe) Kritik

170 Sein und Sollen

dar; aber nicht jede Kritik liefert auch schon eine Widerlegung. So gelten die *pragmatischen* Kriterien der Anwendbarkeit, der Durchführbarkeit, der Lehrbarkeit, der Verständlichkeit, der Anschaulichkeit, der Plausibilität usw. in der Regel sowohl für faktische wie für normative Aussagen; die *epistemischen* Kriterien der Wahrheit, der Prüfbarkeit, der Widerlegbarkeit, der Bestätigungsfähigkeit gelten dagegen ausschließlich für faktische Aussagen. Somit erlauben Tatsachenaussagen mehr Arten von Kritik als Normen. Halten sie dieser verschärften Kritikmöglichkeit stand, so erhöht sich auch das Vertrauen, das wir in sie setzen dürfen und tatsächlich in sie setzen. Eben deshalb ist es leichter, sich über Fakten zu einigen als über Normen. Irgendeine Art von Wahrheits- oder auch nur Bewährungs*garantie* gibt es allerdings *in beiden Fällen nicht*.

3. *Der systematische Ort einer Evolutionären Ethik*

Wer glaubt, für eine Behauptung einen strengen Beweis, für eine Norm eine absolute Rechtfertigung in Händen zu haben, für den sind auch alle Anfangsprobleme bereits zufriedenstellend gelöst. Wer dagegen – wie der kritische Rationalist – vom Hypothesecharakter und von der Vorläufigkeit all unseres Wissens überzeugt ist, wer also weiß, daß er zwar irgendwo anfangen *muß*, die Wahl des Ausgangspunktes aber immer nur über den späteren Erfolg (oder Mißerfolg) bewerten kann, für den ist es eine *heuristische* Frage, wo er mit seiner Argumentation ansetzen *sollte*.

Dabei mag es eine sinnvolle Strategie sein, mit dem anzufangen, was wir »schon immer« tun, mit einer Untersuchung dessen, was wir »schon immer« für wahr und was wir »schon immer« für richtig halten. Dieser Start auf der Ebene der *Beschreibung* hat – auch in normativen Fragen – den Vorteil, daß es, wie bereits betont, allemal einfacher ist,

Sein und Sollen   171

sich darüber zu einigen, was der Fall, als darüber, was zu tun ist.

Die nächste Stufe der Argumentation wird der Versuch sein, dieses unser Verhalten zu *erklären* (nicht zu begründen). *Warum* halten wir bestimmte Aussagen für wahr (andere für falsch), gewisse Handlungen für richtig (andere für unrichtig), manche Gegenstände für schön (andere für häßlich)? Gegenüber diesem Erklärungsbedürfnis haben sich – als Sonderfälle kausaler Erklärungen – vor allem genetische und teleonomische Erklärungen als fruchtbar erwiesen. »Wie ist es zu dieser Struktur gekommen?« und »Welche Funktion hat sie?« sind Fragen, die der Biologe angesichts jedes organismischen Merkmals stellt und zu beantworten versucht. Bei Lebewesen hat die Frage nach der Entstehung immer zwei Aspekte, einen ontogenetischen (individuellen) und einen phylogenetischen (stammesgeschichtlichen). Da die individuelle Entwicklung immer aufgrund bzw. mit Hilfe eines genetischen Programms erfolgt, dieses aber grundsätzlich phylogenetisch entstanden ist, stellt die phylogenetische Betrachtungsweise den grundlegenderen Aspekt dar.

Allerdings ist die Ontogenese der Beobachtung, der Messung und dem Experiment wesentlich besser zugänglich als die Phylogenese, die ja nicht nur unwiederholbar, sondern oft nicht einmal zuverlässig rekonstruierbar ist. Deshalb stützen sich empirisch orientierte Wissenschaftler wie Psychologen oder Verhaltensforscher selbst dann auf ontogenetische Untersuchungen, wenn sie letztlich an phylogenetischen Fragestellungen ebenso oder gar noch mehr interessiert sind. So meint sogar Jean Piaget, der Begründer einer – ontogenetisch orientierten – »genetischen Erkenntnistheorie«: »Das fruchtbarste und sich am ehesten anbietende Feld der Untersuchung wäre natürlich die Rekonstruktion der menschlichen Geschichte – der Geschichte des menschlichen Denkens vom vorgeschichtlichen Menschen an. Doch leider wissen wir über die Psychologie des Nean-

172   *Sein und Sollen*

dertalers oder diejenige des *Homo siniensis* von Teilhard de Chardin nicht sehr viel. Da uns diese Dimension der Biogenese nicht zugänglich ist, werden wir uns wie die Biologen der Ontogenese zuwenden müssen« (Piaget 1973, 21).

Wegen des großen Unterschiedes zwischen der dem forschenden Wissenschaftler zur Verfügung stehenden Zeit (Jahrzehnte, höchstens Jahrtausende) und den Zeiträumen der biologischen Evolution (Jahrmilliarden, mindestens aber Jahrmillionen) kann die Phylogenese nicht am Objekt *verfolgt*, sondern immer nur *rekonstruiert* werden. Dazu können ontogenetische Untersuchungen allerdings sehr wohl beitragen. So kann man immerhin hoffen, aus entwicklungspsychologischen Erkenntnissen heuristische Anregungen für die Rekonstruktion der Stammesgeschichte zu gewinnen. Dies gilt nicht nur für Entwicklung und Evolution des Erkennens, sondern auch für Entwicklung und Evolution sozialen Verhaltens und für Entwicklung und Evolution ästhetischen Urteilens. Neben der Entwicklungspsychologie ist also auch eine *evolutionäre Psychologie* denkbar und wünschenswert, neben einer deskriptiven auch eine *evolutionäre Soziologie*, neben einer beschreibenden auch eine evolutionär und explanativ orientierte *Kunstlehre*. In all diesen Bereichen wird auch die philosophische Reflexion von der Einbeziehung des evolutiven Standpunktes profitieren.

Tabelle 1 versucht, diese Systematik darzustellen. Darin wird deutlich, daß eine Biologie der Erkenntnis noch keine Erkenntnistheorie, eine Biologie des Sozialverhaltens noch keine Evolutionäre Ethik ist. Zu den deskriptiven und explanativen Aspekten der erfahrungswissenschaftlichen Disziplinen müssen jeweils noch die explikativen und normativen Aspekte der metatheoretischen Reflexion hinzutreten, damit Erkenntnistheorie, Ethik, Ästhetik als philosophische Disziplinen möglich werden.

Umgekehrt können letztere auf das Wissen aus den Einzelwissenschaften nicht verzichten. Eine realistische Ethik

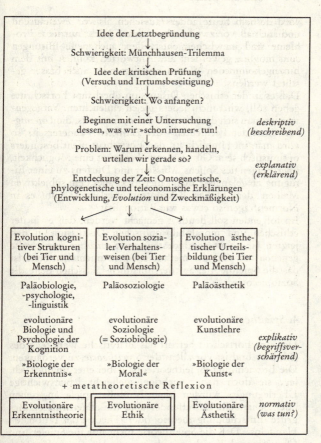

Tab. 1. Heuristischer Argumentationsgang und systematischer Ort einer Evolutionären Ethik

174   *Sein und Sollen*

wird deshalb heute anders aussehen als vor zweitausend und auch als vor zweihundert Jahren. Nicht nur neue Probleme sind inzwischen entstanden; auch neue Lösungen sind möglich geworden; alte Antworten können mit dem hinzugekommenen Wissen kritisiert oder auch besser gestützt werden.

Daß es in der ethischen Diskussion überhaupt Fortschritte geben soll, wird nicht jedem gleich einleuchten. Vergegenwärtigt man sich das *Alter* der Ethik einerseits, die *Uneinigkeit* unter den Fachleuten – den Ethikern – andererseits, so wird man im Hinblick auf den Fortschritt nicht besonders optimistisch sein. Gibt es denn überhaupt eine Möglichkeit, über Fragen des Sollens, Müssens und Dürfens zu einer Einigung zu gelangen? Bleibt hier nicht alles dem subjektiven Meinen, dem bloßen Bekenntnis überlassen? Gibt es in Normenfragen so etwas wie Rationalität?

Im folgenden soll deutlich gemacht werden, daß es in der ethischen und moralphilosophischen Diskussion in den letzten Jahrzehnten mindestens *zwei wichtige Fortschritte* gegeben hat. Auf der methodisch-instrumentellen Seite ist das die Spieltheorie, auf der inhaltlich-faktischen Seite die Soziobiologie.

4. *Spieltheorie*

Der eine Fortschritt betrifft das analytische *Werkzeug* des Ethikers und ist vor allem der *Spieltheorie* zu verdanken. Die Bezeichnung ›Spieltheorie‹ ist dabei eher unglücklich, legt sie doch nahe, wichtige, vielleicht lebenswichtige Überlegungen würden hier als bloße Spiele angesehen oder behandelt. Zutreffender sind die allgemeineren Begriffe ›Entscheidungstheorie‹ oder ›Theorie des rationalen Handelns‹. Daß die Spieltheorie nicht nur für Spieler und Ökonomen hilfreich sein kann, sondern auch für Moralphilosophen, das hat als einer der ersten Richard B.

Sein und Sollen   175

Braithwaite (1963) betont. (Eine kurze Einführung bietet Gärdenfors 1981.)

Ein typisches Beispiel für den Gewinn, den die Spieltheorie gebracht hat, ist die Entdeckung, Analyse und Aufklärung (nicht allerdings Beseitigung!) des *Gefangenen-Dilemmas*. Es zeigt, warum es in Konfliktfällen oft so schwierig ist, zu einer kooperativen Lösung zu kommen: Zwar sieht jeder ein, daß Kooperation jeden besser stellt als eine Strategie, in der jeder ausschließlich seinen eigenen Interessen folgt. Jeder glaubt jedoch, sogar noch besser abzuschneiden, wenn *alle anderen kooperieren* und nur er sich unkooperativ verhält. So denken und *handeln* dann aber alle, und alle fallen dadurch zurück auf eine niedrigere Nutzenstufe (vgl. Hofstadter 1983).

In solchen Fällen genügt es oft nicht, alle Beteiligten an einen Tisch zu bekommen; es genügt auch nicht, daß die Parteien ihre Standpunkte und Argumente vortragen; es genügt nicht, daß jeder den anderen versteht; es genügt leider auch nicht, daß alle *in bester Absicht* handeln; ja, es genügt nicht einmal, daß alle sehen und sich *einigen*, welche Lösung *für alle* die beste wäre. Jeder muß auch noch wissen, daß jeder gerne auf Kosten der anderen profitieren möchte; und dagegen müssen gemeinsam Vorsichtsmaßnahmen (unwiderrufliche Vorleistungen, neutrale und wirksame Kontrollen, durchsetzbare Sanktionen, voraussehbare Fallwiederholungen) getroffen bzw. einvernehmlich geschaffen werden.

Auch das Gefangenen-Dilemma trägt einen irreführenden Namen. Gemessen an der Vielzahl und Vielfalt der Entscheidungen, die wir laufend zu treffen haben, scheint die Situation von Gefangenen eine seltene, geradezu eine Ausnahmesituation zu sein. In Wahrheit stehen wir jedoch in der Politik, in der Wirtschaft, im beruflichen wie im privaten Alltag (zwar nicht ausschließlich, aber doch) sehr häufig in derartigen Situationen. Meistens durchschauen wir die Lage jedoch gar nicht und wundern uns, wenn trotz guter Absichten bei allen Beteiligten etwas schiefgeht. Darüber

176 *Sein und Sollen*

scheinen sich auch und gerade Politiker und andere »Entscheider« häufig nicht im klaren zu sein. Ein Grundkurs in Spieltheorie könnte ihnen und damit uns allen weiterhelfen!

Die Spieltheorie ist allerdings, wie schon erwähnt, nur ein Werkzeug, eine mathematisch durchgebildete Theorie, die uns hilft, Entscheidungssituationen zu *strukturieren* und Entscheidungen als rational auszuzeichnen, *wenn* bestimmte Bedingungen erfüllt sind. Zu diesen Bedingungen gehört, daß die Beteiligten (die »Spieler«, »Strategen«, »Entscheider«) gewisse *Interessen* haben, daß diese Interessen *vergleichbar* und möglichst quantitativ *bewertbar* sind, daß die Handlungsalternativen und wenigstens einige Handlungsfolgen bekannt sind, usw. *Ob* diese Bedingungen tatsächlich vorliegen, kann der Spieltheoretiker dagegen nicht entscheiden. Die Spieltheorie beschreibt nicht die Welt; sie ist keine erfahrungs-, sondern eine strukturwissenschaftliche Disziplin. Welche Interessen Menschen und gegebenenfalls andere Lebewesen *tatsächlich* haben oder verfolgen, das kann nur empirisch ermittelt werden.

Und hier nun liegt der zweite wichtige Fortschritt in der ethischen Diskussion. Es betrifft die beschreibende und erklärende, also die *deskriptiv-explanative* Seite und ist vor allem der *Soziobiologie* zu verdanken.

5. *Soziobiologie*

Die Soziobiologie ist – wie viele neue Wissenschaften – eine Brückendisziplin. Sie entstand durch eine Verbindung von Populationsgenetik, Verhaltensforschung, Spieltheorie und Ökologie. Nach Edward Wilson, einem ihrer prominentesten Vertreter, ist Soziobiologie »das systematische Studium der biologischen Basis aller Formen des Sozialverhaltens bei allen Arten von Organismen einschließlich des Menschen«. Dieser weitgesteckte Anspruch und die programmatische

Sein und Sollen   177

Einbeziehung auch des Menschen sichern der Soziobiologie nicht nur größte Aufmerksamkeit seitens der Fachgelehrten, sondern auch die Beachtung – und das Mißtrauen – zahlreicher Außenstehender. Beim Studium der Soziobiologie wird es deshalb nützlich sein, zunächst einmal drei Bereiche getrennt zu halten: die Beschreibung und evolutive Erklärung *tierischen* Sozialverhaltens, die Beschreibung und Erklärung *menschlichen* Sozialverhaltens, und schließlich die *Relevanz* dieser Befunde und Erklärungen für die Anthropologie im allgemeinen und für die Ethik im besonderen.

Das Paradebeispiel für den ersten Themenbereich ist das Kastenwesen bei Hautflüglern (Bienen, Wespen, Ameisen) und bei Termiten, also die Existenz von Populationsgruppen, die als Königinnen, Arbeiterinnen, Soldaten oder Drohnen *arbeitsteilig* bestimmte streng unterschiedene Tätigkeiten ausüben. Wie man weiß, können im Bienenstaat nur Königin und Drohnen eigene Nachkommen haben. Die Arbeiterinnen sind dagegen steril und verbringen ihr Leben damit, die Nachkommen der Königin, also ihre eigenen »Schwestern«, zu versorgen und großzuziehen.

Diese Sozialstruktur, dieses »altruistische« Verhalten, scheint zunächst ein Widerspruch zur Darwinschen Selektionstheorie zu sein. Nach der These vom Überleben des Tauglichsten sollte doch eine Arbeiterin, die – z. B. aufgrund einer Mutation oder durch andere Ernährung – eigene Nachkommen haben kann, ihre Gene viel besser an die nächste Generation weitergeben und auf Kosten ihrer pflegebereiten Schwestern vermehren können, als wenn sie sich im Dienste an ihren Geschwistern aufopfert. Wenn dann auch ihre Nachkommen die Anlage zur eigenen Fortpflanzung besäßen, würden die fruchtbaren Weibchen an Zahl zunehmen, die unfruchtbaren allmählich abnehmen; die Arbeitsteilung in der Reproduktion würde also aufgehoben. Wieso bleibt dann das Kastenwesen erhalten?

Auf diesen Einwand konnte die Evolutionsbiologie nur

178   *Sein und Sollen*

antworten, für die Population *als Ganzes* sei Arbeitsteilung eben vorteilhaft, auch wenn sie für das Individuum Nachteile bedeute. Wer sollte denn auch noch Blütenstaub sammeln, Waben bauen oder die Brut pflegen, wenn alle nur noch mit der Produktion eigener Nachkommen beschäftigt wären? Ein Mechanismus der *Gruppenselektion* (anstelle der orthodox darwinistischen Individualselektion) sollte somit die ausgeprägte Arbeitsteilung bei den staatenbildenden Insekten erklären.

Dieses Gegenargument der Gruppenselektion ist jedoch in der vorliegenden Form nicht stichhaltig. Es zeigt zunächst nur, daß Arbeitsteilung für die Staatenbildung nützlich, vielleicht sogar unerläßlich ist. Aber die Gruppenbildung selbst ist natürlich *nicht* unerläßlich: Viele Tiere können auch als Individuen oder nahezu isoliert überleben. Es könnte also sein, daß Tierstaaten überhaupt nicht vorkommen oder zwar vorkommen, aber auf die Dauer nicht stabil sind, sondern immer wieder zugrunde gehen. Die langfristige Existenz staatenbildender Insekten mit unfruchtbaren Teilpopulationen schien also einen Einwand gegen die Richtigkeit oder mindestens gegen die Vollständigkeit der Selektionstheorie zu liefern.

Dieses Problem konnte erst durch die Soziobiologie gelöst werden. 1964 gelang es Hamilton zu zeigen, daß die Kastenbildung bei Hautflüglern aus deren besonderen Verwandtschaftsverhältnissen erklärt werden kann. Es sind hier also nicht die sozialen, sondern genetische und somit *rein biologische Bedingungen*, welche die arbeitsteilige Staatenbildung ermöglichen und erhalten. Da nämlich bei den Hautflüglern Arbeiterinnen aus befruchteten Eiern hervorgehen (und diploid sind), Männchen sich dagegen aus unbefruchteten Eiern entwickeln (und deshalb haploid sind), haben Weibchen *mit ihren Geschwistern mehr Gene gemeinsam als mit ihren (potentiellen) Töchtern.* Sie sind also mit ihren Schwestern enger verwandt als mit ihren eigenen (fiktiven) Nachkommen. Indem sie bei der Königin verbleiben und

Sein und Sollen   179

für ihre Geschwister arbeiten, sorgen sie somit besser für die Erhaltung und Ausbreitung ihrer Gene, als wenn sie eigene Nachkommen hätten. So ist der »Altruismus« der Arbeiterinnen durchaus mit dem »Egoismus« der Gene vereinbar, ja sogar dessen unvermeidliche *Konsequenz*.

So hat die Evolutionsbiologie den vermeintlichen Einwand gegen die Selektionstheorie nicht nur *entkräften*, sondern in eine überzeugende *Bestätigung* umwandeln können. Diesen Erfolg darf man wohl als die Geburtsstunde der Soziobiologie bezeichnen. Ihre »Taufe« erfuhr sie dann durch Edward O. Wilsons Standardwerk *Sociobiology*.[4] Tatsächlich hat sie viele weitere Formen sozialen Verhaltens in ihr Erklärungsprogramm einbezogen, u. a. Brutpflege, Kooperation und Konkurrenz, Revierkämpfe, Balz- und Sexualverhalten, Familienplanung, Partnertreue, Kommentkämpfe, Dominanz und Hackordnung.

Wie schon am Beispiel des Kastenwesens bei staatenbildenden Insekten deutlich wurde, ist es für den Evolutionstheoretiker, den Populationsgenetiker und den Soziobiologen eine entscheidende Frage, ob ein bestimmtes Verhalten, eine bestimmte »Strategie«, nicht nur kurzzeitig, sondern auch langfristig beibehalten werden kann, ob es sich dabei also um eine »evolutionär stabile Strategie (ESS)« handelt. Nur evolutionär stabile Strategien können die Erhaltung einer Art, eines Merkmals oder einer Verhaltensweise sichern. Der Begriff der evolutionär stabilen Strategie entstammt der bereits erwähnten Spieltheorie und wurde von John Maynard Smith in die Soziobiologie eingeführt. Als analytisches Werkzeug hat sich dort die Theorie der strategischen Spiele als außerordentlich fruchtbar erwiesen.

So kann man untersuchen, welche Strategie in Konfliktfällen sinnvoll, nämlich evolutionär stabil ist. Angenommen, es gebe zwei »reine« Taktiken, die der »Taube« und die des »Falken«. Die Taube greift nie von sich aus an, sucht den Gegner nicht zu verletzen und läuft davon, wenn sie selbst verletzt wird. Der Falke greift dagegen an und beendet den

180   *Sein und Sollen*

Kampf erst, wenn er Sieger oder selbst kampfunfähig ist.
Man wird vermuten, daß eine reine Taubenpopulation am
besten abschneidet, da es hier nie zu Kämpfen oder zu Ver-
letzungen kommt. Diese Vorstellung entspricht auch dem
vielfach vertretenen Ideal der Gewaltlosigkeit. Spieltheore-
tisch zeigt sich jedoch, daß die Tauben-Taktik nicht evolutionär stabil ist: Mutiert eine Taube zu einem Falken, so
werden sich die Falken auf Kosten der Tauben vermehren,
da sie gegen die Tauben jeden Kampf gewinnen. Aber auch
die Falkentaktik ist nicht dauerhaft stabil, weil Tauben,
wenn sie einmal auftreten, fast nie verletzt werden. Evolutionär stabil ist nur eine Mischstrategie, bei der Falken und
Tauben in einem ausgewogenen Zahlenverhältnis zueinan-
der stehen oder in der jedes Tier sich manchmal als Falke,
manchmal aber auch als Taube verhält. Eine Strategie ist
also genau dann evolutionär stabil, wenn ihr gegenüber
keine Strategievariante sich auf Dauer durchsetzen kann.[5]

6. *Und der Mensch?*

Solche Überlegungen lassen sich auf menschliches Verhalten
übertragen und für menschliches Planen nutzbar machen.
Wie bei jeder Verhaltensweise kann man auch bei moralischen Normen nicht nur fragen, ob sie widerspruchsfrei,
anwendbar und prinzipiell durchsetzbar sind, sondern auch,
ob sie eine *evolutionär stabile Strategie* darstellen. Spieltheorie und Soziobiologie könnten also helfen, weitere
pragmatische Kriterien für Normen und Normensysteme
zu entwickeln.
Die tatsächliche Reichweite der Soziobiologie ist allerdings
auch innerhalb der Biologie noch umstritten. Ob es so etwas wie Gruppenselektion nicht doch gibt, ob »Altruismus« bei Tieren auch gegenüber Nicht-Verwandten praktiziert wird (zumindest in Form des »reziproken Altruismus«) und ob wirklich alles Sozialverhalten genetisch be-

Sein und Sollen   181

dingt ist, diese Fragen sind faktische Fragen und müssen empirisch geklärt werden.

Die Soziobiologie hat freilich nie ein Hehl daraus gemacht, daß sie den Menschen in ihren Erklärungsanspruch einbezieht.[6] Naturgemäß hat dieser Anspruch viel mehr Aufsehen erregt und auch Widerspruch hervorgerufen. Ob die Kritik dabei der Soziobiologie wirklich gerecht wird oder nur auf zweifelhaften Vorurteilen beruht, soll und kann hier nicht untersucht werden. Eines sei jedoch betont: Von einer leichtfertigen Übertragung von Erkenntnissen, die an Tieren gewonnen wurden, auf den Menschen kann in der Soziobiologie nicht die Rede sein. Der Soziobiologe argumentiert *nicht*: ›Da Schimpansen dieses und jenes Verhalten zeigen und da sie mit uns Menschen eng verwandt sind, ist es wahrscheinlich, daß auch wir dieses Verhalten zeigen.‹ Er schließt vielmehr folgendermaßen: Der Mensch hat sich durch Selektion entwickelt; und wenn die natürliche Selektion in der Regel auf einen »Egoismus« der Gene führt, so müssen wir damit rechnen, daß auch Schimpansen, Menschen und andere Lebewesen gen-egoistisches Verhalten zeigen. Dies ist zumindest eine erlaubte Arbeitshypothese, die es natürlich in jedem Einzelfalle nachzuprüfen gilt. Erweist sich das menschliche Verhalten dann als altruistisch, so ist das eine erklärungsbedürftige Tatsache. Da die Soziobiologie zeigen konnte, daß altruistisches Verhalten von Individuen dem durchgehenden Egoismus der Gene schon bei Tieren nicht widerspricht, kann man auch nicht behaupten, das Vorkommen altruistischen Handelns beim Menschen beweise, daß er den Gesetzen der Evolution und der natürlichen Auslese nicht unterworfen sei. Was bei Tieren einer natürlichen Erklärung zugänglich ist, bedarf auch beim Menschen keiner Sonderregelung, keines Wunders, keines transzendenten oder teleologischen Faktors. »Sollte sich wirklich herausstellen, daß die Gene für die Bestimmung des modernen menschlichen Verhaltens völlig irrelevant sind, sollten wir also in dieser Beziehung wirklich einzig-

182 *Sein und Sollen*

artig unter den Tieren sein, so ist es mindestens immer noch interessant, die Regel zu erforschen, von der wir erst seit so kurzer Zeit die Ausnahme darstellen. Sollte sich aber zeigen, daß unsere Art nicht so außergewöhnlich ist, wie wir dies vielleicht glauben wollen, so ist es um so wichtiger, daß wir die Regel studieren« (Dawkins 1978, 4). Die *Relevanz* der Soziobiologie für die Anthropologie kann also auch dann nicht bestritten werden, wenn sich *nicht* alle Befunde, Prinzipien und Erklärungsschemata auf den Menschen übertragen lassen sollten.

7. *Soziobiologie und Ethik*

Am heikelsten ist die Bedeutung der Soziobiologie für die *Ethik* (vgl. Stent 1978; Singer 1981; Gruter/Rehbinder 1983). Erwartungsgemäß hat es hier die meisten und die heftigsten Angriffe gegeben. Dabei muß man allerdings unterscheiden zwischen speziellen Kritiken an Aussagen über vermeintliche ethische Konsequenzen der Soziobiologie (und allgemeiner der Evolutionstheorie) und der allgemeinen Behauptung, Soziobiologie und Evolutionstheorie seien für die Ethik grundsätzlich nicht relevant. Wir werden uns hier nur mit der zweiten Art von Kritik befassen. Für die These, die Biologie sei für die Ethik irrelevant, werden drei verschiedene Argumente vorgebracht:

(a) Der Mensch sei in seinen Entscheidungen und Handlungen frei von biologischen Bedingungen.

(b) Der Versuch, die Biologie für die Ethik fruchtbar zu machen, führe unweigerlich auf einen naturalistischen Fehlschluß.

(c) Der Mensch könne, auch wenn er genetisch geprägt sei, in allen moralisch relevanten Fragen *gegen* seine Gene handeln.

Sein und Sollen 183

In meinen Augen sind alle drei Behauptungen falsch.

Die erste These muß, wenn sie wahr sein soll, die Ergebnisse der Soziobiologie im Hinblick auf den Menschen in Abrede stellen. Dies ist natürlich mehrfach geschehen; aber keines der vorgebrachten Argumente ist wirklich überzeugend.[7] Die angeblichen Gegenbeispiele erweisen sich in der Regel als nicht stichhaltig oder lassen sogar eine elegante soziobiologische Deutung zu. Umgekehrt kann die Soziobiologie viele Tatsachen im menschlichen Sozialverhalten erklären, die sonst unerklärt bleiben würden. Sollte die Soziobiologie in ihrer Anwendung auf den Menschen tatsächlich verfehlt sein, so ist es den Kritikern bislang jedenfalls nicht gelungen, das zu zeigen.

Die zweite These vermutet in der Anwendung der Soziobiologie auf ethische Fragen einen naturalistischen Fehlschluß. Zwar ist es tatsächlich in keiner Standardlogik zulässig, von *rein* deskriptiven auf *rein* normative Sätze zu schließen[8]. Jeder solche Versuch liefert einen Fehlschluß, und es spricht nichts dagegen, darin in Anlehnung an Hume und Moore einen naturalistischen Fehlschluß zu sehen. Relevanz ist jedoch eine schwächere Beziehung als die logische Implikation. Die Biologie kann für die Ethik relevant sein, auch wenn ihre Aussagen nicht unmittelbar Normen implizieren.

Denn Normen und Normensysteme existieren ja nicht im luftleeren Raum. Wie schon in (2) betont, müssen sie – neben der Widerspruchsfreiheit – einigen pragmatischen Kriterien genügen, insbesondere solchen der Anwendbarkeit und Durchsetzbarkeit. Und der Anwendbarkeit und Durchsetzbarkeit eines Normensystems können eben massive biologische Grenzen gesetzt sein. (So kann man nicht von Männern verlangen, daß sie Kinder gebären.) Umgekehrt können biologische Fakten auch gewisse Normen überflüssig machen. (Man braucht Männern das Kinderkriegen auch nicht zu verbieten.) Schließlich kann die Verträglichkeit oder Unverträglichkeit von Normen untereinander

184   *Sein und Sollen*

entscheidend von Fakten abhängen. Nicht nur kann man denselben Kuchen nicht essen und zugleich behalten (das ist fast nur eine analytische Feststellung); man kann auch nicht – wenn Menschen schon genetisch untereinander verschieden sind – dafür sorgen, daß alle gleich viel (Essen, Geld, Begabung, Einfluß, Ansehen) *bekommen* und anschließend auch gleich viel *besitzen*. Sind die Anfangsbedingungen unterschiedlich, so lassen sich Zuteilungsgerechtigkeit und Besitzgerechtigkeit nicht zugleich erreichen; beide zu fordern wäre also *aus faktischen Gründen* unvernünftig.

So führt die Berücksichtigung biologischer Fakten in einer Evolutionären Ethik keineswegs notwendig auf einen naturalistischen Fehlschluß. Das Sein-Sollen-Problem wird dabei auch nicht umgangen, sondern durchaus als lösbar und sogar als gelöst angesehen, und zwar als gelöst im negativen Sinne: Der Schluß vom Sein auf das Sollen ist *nicht* zulässig (und der umgekehrte Schluß natürlich auch nicht). In jedem (gültigen) Schluß, dessen Konklusion eine normative Aussage enthält, müssen auch die Prämissen oder Teilprämissen mindestens eine solche normative Aussage enthalten. Die weiteren Prämissen dürfen dann deskriptiv sein.

Wenn aber Normen nur aus Normen gewonnen werden können, dann stellt sich wieder das Problem des Anfangs. Falls wir überhaupt anfangen wollen, dann müssen wir bereits eine oder mehrere Normen zur Verfügung haben. Man könnte diese Anfangsnormen »Grundnormen«, »Basisnormen«, »Supernormen« nennen. Wie eine solche Grundnorm gewonnen wird, spielt dabei keine Rolle. Sie kann einer tiefen inneren Überzeugung entsprechen; sie kann den Zehn Geboten, der Bergpredigt, dem Grundgesetz, dem Strafgesetzbuch oder einem Parteiprogramm entnommen sein; sie kann auch frei erfunden sein und einfach probeweise an den Anfang gestellt werden.

Um also biologische Fakten für die Beurteilung von Normensystemen fruchtbar zu machen (»relevant« werden zu lassen), müssen wir über mindestens eine Basis- oder Super-

Sein und Sollen 185

norm verfügen. Diese Norm *könnte* lauten: »Die Menschheit soll überleben.« Oder: »Unseren Enkeln soll es nicht schlechter gehen als uns.« Oder: »Die Evolution soll weitergehen.« Oder: »Das *durchschnittliche* Wohlergehen der Menschen soll optimiert werden.« Oder: »Die Lebensqualität der (jeweils) *Ärmsten* soll gehoben werden.« Und so weiter. Es dürfte deutlich sein, daß nicht jede Maßnahme mit jeder solchen Grundnorm vereinbar ist. Grundnormen können also, wenn sie schon nicht bestimmte Handlungen fordern, doch bestimmte andere Handlungen ausschließen. Sie sagen also nicht, was wir tun, wohl aber gelegentlich, was wir lassen sollen. Sie stellen keine Schienen, sondern eher Grenzwälle für unsere Entschlüsse und Handlungen dar.

Was nun im Rahmen bestimmter Supernormen noch möglich ist, kann sehr stark von *Fakten* abhängen. Je größer unser faktisches Wissen ist, desto enger wird der Spielraum des mit unseren Normen *und* mit den bekannten Tatsachen Verträglichen. Je mehr wir wissen, desto konkreter, reicher, gehaltvoller wird auch unser Normensystem sein. Der Moralphilosoph sollte also die Tatsachen der Erfahrungswissenschaften nicht als Einengung, sondern als *Bereicherung* verstehen. Indem sie die Tatsachen und Gesetze der Evolution berücksichtigt, versucht so auch die Evolutionäre Ethik, ethische Erwägungen realistischer und reichhaltiger zu gestalten.

Das dritte Argument rührt an das Problem der Willensfreiheit. Können wir uns wirklich *gegen* unsere Gene entscheiden? Die Frage ist, wer oder was sich da eigentlich entscheiden soll. Auch unser »Ich«, das »Subjekt«, das »Bewußtsein«, das »Gewissen«, oder wer immer Entscheidungen trifft, ist ja eine Funktion des Gehirns und damit ein Produkt seiner Gene und seiner Umwelt. Eine weitere Instanz, die unsere Entscheidungen beeinflussen könnte, gibt es in einer naturalistischen Auffassung, wie sie der Evolutionären Ethik zugrunde liegt, nicht. Wer eine bestimmte Handlung

186 *Sein und Sollen*

ausführt, der kann gar nicht anders handeln, da er weder die Naturgesetze noch die herrschenden Rand- und Anfangsbedingungen ändern kann, seien sie nun durch die Gene, durch die Umwelt oder – und das ist der Regelfall – durch beides bestimmt.

Für eine Evolutionäre Ethik gibt es somit keine Willensfreiheit im traditionellen Sinne. Soweit die Gene meine Handlungen bestimmen, kann ich auch nicht gegen sie verstoßen. Soweit sie meine Handlungen dagegen *nicht* bestimmen, kann ich ebenfalls nicht gegen sie handeln, weil sie mir eben *nichts* vorschreiben.

Wer also behauptet, wir könnten und müßten »gegen unsere Gene« handeln oder eine Ethik mit Zukunft könne »*nicht* konform mit unseren Genen sein« (Mohr 1983, 36), der hat entweder die naturalistische Position zugunsten einer dualistischen preisgegeben oder er spricht nur *metaphorisch* davon, daß wir den *Spielraum*, den uns die Gene lassen, *anders* und nach Möglichkeit *besser* nützen sollten als bisher – womit er natürlich recht hat.

8. *Der Ertrag*

Wie die Soziobiologie zeigt, steht auch der bei Menschen beobachtete *Altruismus*, also mein *bewußter* Verzicht auf eigene Vorteile zugunsten anderer, insbesondere zugunsten meiner Kinder, Verwandten und Freunde, nicht im Widerspruch zur Evolutionsbiologie. Und so brauchen auch ethische Forderungen nicht durchweg *gegen* unsere Natur, nicht *gegen* unsere eigenen Interessen erhoben und durchgesetzt zu werden. Eine Pflichtenethik, die auf unsere natürlichen Neigungen keine Rücksicht nimmt oder ihnen gezielt entgegenarbeitet, wird damit nicht nur unrealistisch (weil nicht durchsetzbar), sondern auch durchaus entbehrlich (da ersetzbar).

Soweit sich die Soziobiologie auch für den Menschen als

Sein und Sollen 187

tragfähig erweist, liefert sie zwar selbst noch keine Normen (oder allenfalls um den Preis eines naturalistischen Fehlschlusses); sie kann uns jedoch darüber aufklären, womit wir hinsichtlich der Plausibilität und der Durchsetzbarkeit von Normen und hinsichtlich der evolutionären Stabilität von sozialen Strategien zu rechnen haben. Von der *Evolutionsbiologie* können wir also lernen,

- daß wir (Menschen) biologisch bedingte und biologisch erklärbare Interessen haben, auf die wir uns zur Durchsetzung sozialer Normen durchaus stützen können;
- daß wir im allgemeinen am eigenen Überleben interessiert sind (ein *mißverstandenes* Selektionsprinzip schien dies freilich als das *einzige* biologische Interesse auszuzeichnen);
- daß und warum wir aber nicht nur an uns selbst, sondern auch am Wohlergehen *anderer* interessiert sind;
- daß und warum wir insbesondere am Wohlergehen unserer eigenen *Kinder* interessiert sind;
- daß wir am Wohlergehen unserer *Verwandten* Anteil nehmen;
- daß wir – über reziproken Altruismus – auch am Wohlergehen unserer Freunde interessiert sind (so daß das Gebot der *Nächsten*liebe mit der Biologie durchaus verträglich ist);
- daß also der Wunsch und das Bemühen, anderen nützlich zu sein, zu den Gesetzen der Evolutionsbiologie *nicht* im Widerspruch steht;
- daß es evolutiv erfolgreich war, *flexibel* zu sein;
- daß also und warum uns die Gene einen gewissen Handlungsspielraum lassen;
- daß dieser »Spielraum« keine Willensfreiheit im traditionellen Sinne (»trotz *gleicher* Naturgesetze und *gleicher* äußerer Umstände *könnte* ich auch *anders* handeln«), sondern nur *Beeinflußbarkeit* durch nicht-genetische Faktoren (z. B. durch Argumente) voraussetzt;

188   *Sein und Sollen*

– daß wir also für ethische Überlegungen und für morali-
sches Verhalten auf diese problematische Willensfreiheit
auch gar nicht angewiesen sind;
– daß das Zusammenspiel von genetischem Erbe und ver-
bleibendem Spielraum uns vielleicht doch eine *Chance*
bietet, unter menschenwürdigen Umständen zu überleben;
– daß also insbesondere die *Kosten* (im nutzentheoreti-
schen Sinne) für eine lebenswerte Zukunft auch späterer
Generationen nicht zu hoch sein müssen.

Die wichtigste Lehre, die wir in diesem Zusammenhang ziehen, besteht in der Einsicht, daß Kooperation, Altruismus,
Verantwortung für andere und für zukünftige Generationen
etwas durchaus Natürliches sein können (Birnbacher 1988).
Ob allerdings der ›expanding circle‹ (so etwa Singer 1981)
unserer Interessen, den die Soziobiologie diagnostiziert, so
stark ausgeweitet werden kann, wie manche Ethiken glauben fordern zu müssen, nämlich zu einer *Fernsten*liebe, erscheint nicht nur nach Nietzsche, sondern auch unter biolo-
gisch-soziobiologischen Aspekten eher fraglich.

9. *Zum Problemlösungspotential einer Evolutionären Ethik*

Maßstab für die Bewertung einer Theorie ist ihr *Problemlösungspotential*. Daß die Evolutionäre Ethik tatsächlich
Probleme löst, ist hier nicht gezeigt worden. Zum Abschluß
sollen deshalb wenigstens einige *Fragen* formuliert werden,
mit denen sich die Evolutionäre Ethik befaßt und die sie zu
beantworten versucht. Ein Anspruch auf Vollständigkeit
wird freilich auch hier nicht erhoben.
Welches ist das genetische Erbe des Menschen im Hinblick
auf sein Sozialverhalten und seine moralischen Maßstäbe?
Wie ist dieses Erbe entstanden? (Diese beiden Fragen sucht

die Soziobiologie im Rahmen der Evolutionstheorie zu beantworten.)

Bedarf es zur Erklärung moralischen Verhaltens der Annahme eines übernatürlichen Eingriffs in der Geschichte des Menschen oder der Moral? (Nein.) Bedarf die Ethik absoluter Maßstäbe oder Standards? (Die Evolutionäre Ethik verneint diese Frage und bestätigt damit den hypothetischen und teilweise konventionellen Charakter von Normen.)

Gibt es eine moralische Intuition? (Ja, aber sie ist weder universell noch verbindlich, noch unfehlbar.)

Sind Normen frei wählbar? (Wir können zwar beliebige Normen formulieren, aber aus biologischen Gründen nicht jede Anweisung befolgen. Auch nach traditioneller Auffassung sind »sittliche Normen« nicht frei wählbar. Aber warum? Hat eben dies nicht auch biologische Gründe?)

Welche Normen sind für den Menschen natürlich? Welche Verhaltensweisen lassen sich unterdrücken? Können wir auch gegen unsere Gene entscheiden und handeln?

Haben wir Willensfreiheit? Was ist der Sinn von Strafe bei Vergehen, die (etwa genetisch) determiniert sind? (Abschreckung, Besserung, Schutz, nicht Sühne!)

Welche Normen sind durchsetzbar, lehrbar, mehrheitsfähig? Welche Mittel sind für bestimmte Zwecke angemessen? (Medikamente, Psychotherapie, Genchirurgie?)

Welche Strategien sind evolutionär stabil?

Müssen Normen ausnahmslos befolgt werden? (Von den »sittlichen Normen« wird das häufig *behauptet*. Dafür gibt es jedoch keine stichhaltige Begründung. In der Regel sind nur *Mischstrategien* erfolgreich.)

Sollen wir die künftige Evolution lenken? (Das ist fast keine Frage des Sollens mehr, da wir dies schon längst tun.) Wie und wohin aber sollen wir die Evolution ausrichten?

Kann man der Evolution moralische Maßstäbe entnehmen? (Nein!) Sind Arterhaltung, Musterwachstum, Komplexitätszunahme, Artenvielfalt, Evolution Werte für sich? (Nein!)

190   *Sein und Sollen*

Gibt es Fortschritt in der Evolution? Gibt es ein verbindliches Fortschrittskriterium? (Nein!)
Antworten auf diese Fragen können hier allerdings nicht mehr diskutiert werden.

Anmerkungen

1 Ein charakteristisches Beispiel ist die evolutionäre Ethik der Huxleys – Großvater und Enkel – (1947). Die Versuche, ethische Normen über die Evolutionstheorie zu begründen, beschreibt und kritisiert Antony Flew (1967).

2 Den Ausdruck »Münchhausen-Trilemma« prägte Hans Albert (1968, 13).

3 Die These, ethische Einsichten stellten eine Form von Erkenntnis, also von Wissen dar, kritisiert Hans Reichenbach (1977, Kap. 4) als »kognitiv-ethischen Parallelismus«.

4 Weitere bekannte Bücher auf diesem faszinierenden Gebiet: Dawkins (1978); Wickler/Seibt (1977); Barash (1980). Hingewiesen sei ferner auf den einführenden Aufsatz von Maynard Smith (1978).

5 Was geschieht, wenn man die verschiedenen Strategien *gegeneinander* antreten läßt, und welche dabei die erfolgreichste ist, zeigt sehr eindrucksvoll Douglas R. Hofstadter (1983). Das dort empfohlene Buch von Robert Axelrod gibt es inzwischen auch auf deutsch (1987). Weiterführende Überlegungen bieten etwa Rainer Hegselmann (1988) und Rudolf Schüßler (1990).

6 Die Tragweite der Soziobiologie für unser Bild vom Menschen betonen Edward O. Wilson (1980); Mary Midgley (1979); Richard D. Alexander (1979); Dieter E. Zimmer (1979); Georg Breuer (1981); Edgar Dahl (1991). Kritisch äußern sich Marshall D. Sahlins (1977); Hansjörg Hemminger (1983); Philip Kitcher (1985).

7 Zur Richtigkeit der Soziobiologie im Hinblick auf den Menschen vgl. Michael Ruse (1979, vor allem Kap. 4, 6.6, 6.7 und 7), der eine ausgezeichnete kritische Würdigung der Soziobiologie und ihrer Relevanz für Anthropologie und Ethik bietet.

8 Daß normative Sätze keine deskriptiven Sätze implizieren können, scheint intuitiv plausibel, ist aber auch mit aller wünschenswerten Präzision gezeigt in Stuhlmann-Laeisz (1983).

Sein und Sollen 191

Literatur

Albert, Hans: Traktat über kritische Vernunft. Tübingen 1968. ^{5}1991.

Alexander, Richard D.: Darwinism and Human Affairs. Seattle/London 1979.

Axelrod, Robert M.: The Evolution of Cooperation. New York 1984. – Dt.: Die Evolution der Kooperation. Wien/München 1987.

Barash, David P.: Sociobiology and Behavior. New York 1977. – Dt.: Soziobiologie und Verhalten. Berlin 1980.

Birnbacher, Dieter: Verantwortung für zukünftige Generationen. Stuttgart 1988.

Braithwaite, Richard B.: Theory of Games as a Tool for the Moral Philosopher. Cambridge (Mass.) 1955. ^{2}1963.

Breuer, Georg: Der sogenannte Mensch. Was wir mit Tieren gemeinsam haben und was nicht. München 1981.

Dahl, Edgar: Im Anfang war der Egoismus. Düsseldorf 1991.

Dawkins, Richard: The Selfish Gene. Oxford 1976. – Dt.: Das egoistische Gen. Berlin/Heidelberg/ New York 1978.

Flew, Antony: Evolutionary Ethics. London 1967.

Gärdenfors, Peter: Game Theory and Ethics. In: Edgar Morscher/Rudolf Stranzinger (Hrsg.): Ethik. Akten des 5. Internationalen Wittgenstein-Symposiums 1980. Wien 1981. S. 194–198.

Gruter, Margaret/Rehbinder, Manfred (Hrsg.): Der Beitrag der Biologie zu Fragen von Recht und Ethik. Berlin 1983.

Hegselmann, Rainer: Wozu könnte Moral gut sein? In: R. H. / Hartmut Kliemt (Hrsg.): Moral und Interesse. Wien/München 1988. – Auch in: Grazer philosophische Studien 31 (1988) S. 1–28.

Hemminger, Hansjörg: Der Mensch – eine Marionette der Evolution? Eine Kritik an der Soziobiologie. Frankfurt a. M. 1983.

Hofstadter, Douglas R.: Kann sich in einer Welt von Egoisten kooperatives Verhalten entwickeln? In: Spektrum der Wissenschaft. August 1983. S. 8–14.

Huxley, Thomas Henry/Huxley, Julian: Evolution and Ethics. London 1947.

Kant, Immanuel: Logik [1800]. In: I. K.: Werke in 10 Bänden. Hrsg. von Wilhelm Weischedel. Bd. 5. Darmstadt 1983.

Kitcher, Philip: Vaulting Ambition. Sociobiology and the Quest for Human Nature. Cambridge (Mass.) 1985.

Maynard Smith, John: The Evolution of Behavior. In: Scientific American 239. September 1978. S. 136–145.

192   *Sein und Sollen*

Midgley, Mary: Beast and Man. The Roots of Human Nature. London 1979.

Mohr, Hans: Biologische Wurzeln der Ethik? Heidelberg 1983.

Piaget, Jean: Einführung in die genetische Erkenntnistheorie. Frankfurt a. M. 1973.

Reichenbach, Hans: The Rise of Scientific Philosophy. Berkeley 1951. – Dt.: Der Aufstieg der wissenschaftlichen Philosophie. Braunschweig [2]1977.

Ruse, Michael: Sociobiology: Sense or Nonsense? Dordrecht 1979.

Sahlins, Marshall D.: The Use and Abuse of Biology. An Anthropological Critique of Sociobiology. London 1977.

Schüßler, Rudolf: Kooperation unter Egoisten. Vier Dilemmata. Wien/München 1990.

Singer, Peter: The Expanding Circle. Ethics and Sociobiology. Oxford 1981.

Stent, Gunter S. (Hrsg.): Morality as a Biological Phenomenon. Dahlem Konferenzen. Berlin/Weinheim 1978.

Stuhlmann-Laeisz, Rainer: Das Sein-Sollen-Problem. Stuttgart 1983.

Vollmer, Gerhard: Evolutionäre Erkenntnistheorie. Stuttgart 1975. [6]1994.

Wickler, Wolfgang/Seibt, Uta: Das Prinzip Eigennutz. Hamburg 1977. [2]1991.

Wilson, Edward O.: Sociobiology: The New Synthesis. Cambridge (Mass.) 1975.

– On Human Nature. Cambridge (Mass.) 1978. – Dt.: Biologie als Schicksal. Die soziobiologischen Grundlagen menschlichen Verhaltens. Frankfurt a. M. / Berlin / Wien 1980.

Zimmer, Dieter E.: Unsere erste Natur. Die biologischen Ursprünge menschlichen Verhaltens. München 1979.

Zur Begegnung zweier Kulturen

Geleitwort von Ernst Mayr, Cambridge (USA)

Vor gar nicht so langer Zeit (1959) klagte der bekannte Wissenschaftler und Schriftsteller Sir Charles Snow darüber, daß zwischen den Naturwissenschaften (»sciences«) und den Geisteswissenschaften (»humanities«) eine tiefe und unüberbrückbare Kluft bestehe. Snow selbst war ursprünglich Physiker, wohl deshalb war ihm anscheinend gar nicht bewußt, daß eine andere Naturwissenschaft, die *Biologie*, einen großen Teil dieser Kluft ausfüllt und als Brücke zwischen den exakten und den Geisteswissenschaften dienen kann.

Mit dieser Haltung stand Snow damals freilich nicht allein. So gibt es drei Nobelpreise für die Naturwissenschaften (Physik, Chemie, Physiologie), aber keinen für die Biologie. Auch der Physiker Lord Rutherford hielt die Biologie noch für »eine Art Briefmarkensammeln«. In den zahlreichen Arbeiten des Wiener Kreises (und seiner Gegner) über die Philosophie der Wissenschaft ist – von den 20er Jahren bis etwa 1970 – fast ausschließlich von Logik, Mathematik und Physik die Rede; die Biologie wird kaum erwähnt, und wenn doch, dann handelt es sich meistens um Versuche, die Biologie auf die Physik zu reduzieren.

Das hat sich nun in erstaunlich kurzer Zeit geändert. Die Biologie wurde auch von den Nichtbiologen entdeckt, und plötzlich sprach man sogar vom Jahrhundert der Biologie. Und nun wies ein Autor nach dem anderen nach, daß das physikalisch-physikalistische Denken zwar für die exakten Wissenschaften angemessen ist, zur Biologie aber oft gar nicht paßt. Trotzdem ist die Biologie genauso *wissenschaftlich* wie die Physik, aber eben auf eine andere Weise. Gerhard Vollmer bietet uns eine anregende Darstellung dieser neuen Sicht der Biologie mit ihren Problemen.

194   *Zur Begegnung zweier Kulturen*

Diese Einsicht in die intellektuelle Rolle der Biologie ist aus
zwei Gründen äußerst wichtig. Erstens herrscht in unserer
Gesellschaft seit der Atombombe eine unverhohlene Feind-
seligkeit gegenüber »Science« im Sinne Snows. Erstreckt
sich diese Feindlichkeit auch auf die Biologie? Hier muß
man sehen, daß weite Gebiete der Biologie, etwa Evolu-
tions- und Umweltbiologie, den Geisteswissenschaften in
vieler Hinsicht näher stehen als der Physik. Viele der gegen
»die Wissenschaft« vorgebrachten Kritikpunkte betreffen
nur bestimmte Technologien oder typische Aspekte der
physikalischen Wissenschaften, aber gerade nicht die Biologie.

Viel wichtiger ist – zweitens – die Tatsache, daß die Biologie
ganz wesentlich zum Verständnis des Menschen beiträgt.
Fast alles an Grundlegendem, was die Biologie bei anderen
Lebewesen entdeckt hat, trifft auch auf den Menschen zu.
Das ist auch kein Wunder, ist doch der Mensch ein unab-
trennbarer Teil der lebenden Natur. So hat die Biologie un-
ser Menschenbild deutlich geprägt. Gleichzeitig ist der
Mensch, wie jedes andere Lebewesen auch, etwas ganz Ein-
zigartiges. Vieles an ihm kann nur durch das Studium des
Menschen selbst gelernt und verstanden werden.

Die Entdeckung der Wichtigkeit der Biologie führte dazu,
daß mehrere junge Physiker zur Biologie umsattelten und
zu führenden Molekularbiologen wurden. So war es ganz
folgerichtig, daß Vollmer, selbst ausgebildeter Physiker *und*
Philosoph, sich der Philosophie der Biologie, vor allem der
Evolutionsbiologie, zuwandte. Wer Vollmers Schriften liest,
muß immer wieder bewundern, wie gut er die heutige Biologie versteht. (So ist seine Kennzeichnung der natürlichen
Auslese als »unterschiedliche Reproduktion auf Grund unterschiedlicher Tauglichkeit« wesentlich treffender als die
irreführenden Definitionen, die noch heute von manchen
Fachbiologen benützt werden.)

In seinem Aufsatz »Die Wissenschaft vom Leben« kommt
Vollmer zu demselben Schluß wie der bekannte Genetiker

Zur Begegnung zweier Kulturen   195

Dobzhansky: »Nichts in der Biologie macht Sinn außer im Lichte der Evolution.« So stehen Probleme der Evolution im Mittelpunkt seiner Arbeiten. Und natürlich steht dabei die Darwinsche Erklärung der Evolution im Vordergrund, besonders die Prinzipien von Variation und Selektion.
In die Philosophie sind diese Darwinschen Prozesse in unterschiedlicher Weise übernommen worden, zum Teil jedoch unter demselben Namen *Evolutionäre Erkenntnistheorie*. Für den Verhaltensforscher Konrad Lorenz geht es dabei um die Evolution kognitiver Systeme, für den Philosophen Karl Popper mehr um die Evolution wissenschaftlicher Erkenntnis. In Anbetracht des regen Interesses an der evolutionären Epistemologie ist es äußerst wichtig, daß dieser Unterschied, auf den Vollmer so nachdrücklich hinweist, verstanden wird, wenn man sich mit diesem Thema befaßt.
Immer wieder zeigt Vollmer, wie vielschichtig biologische Probleme sind und wie wichtig es ist, sie genau zu analysieren. Die neugewonnenen Einsichten sind Bausteine für eine neue Philosophie der Biologie. Sie lassen uns verstehen, wie sich die belebte Natur von der unbelebten unterscheidet, und helfen uns, zu den Fortschritten der biologischen Wissenschaften eine Philosophie zu entwickeln, welche die fundamentalen Unterschiede zwischen Leben und Nichtleben begreift, ohne auf metaphysische Argumente zurückzufallen.
Durch diese Beschäftigung mit der Biologie ist die Wissenschaftsphilosophie ungemein bereichert worden. Kennzeichnend für den physikalischen Ansatz sind Fragen nach dem »Wie?« und nach Naturgesetzen. Sie werden in der Biologie ergänzt durch die Frage nach dem evolutionären Entstehen von Strukturen und Verhaltensweisen, also durch die historische Analyse und durch Zweckmäßigkeitsüberlegungen. Die Frage »Wozu?«, so wesentlich für die Wissenschaften vom Leben, hat in den Wissenschaften von der unbelebten Natur nur selten einen Sinn.

196   *Zur Begegnung zweier Kulturen*

Seit es Wissenschaft gibt, hat man ihr zwei Aufgaben zuge-
billigt. Die eine ist die rein praktische, dem Menschen zu
helfen. Hier hat die Biologie zweifellos Großartiges gelei-
stet. Ein Beispiel ist die Züchtung von neuen Kulturpflan-
zen und Haustieren, die für Millionen von Menschen Hun-
ger und Elend verhindert hat. Ein weiteres Beipiel ist die
Medizin: Bei weitem die meisten ihrer Fortschritte sind Erfolge der biologischen Forschung. Und die Genetik steht
sogar erst am Anfang einer Reihe von Hilfeleistungen, die
sie für die Menschheit erbringen könnte.

Wissenschaft hat jedoch noch eine andere, eine theoretische
Seite. Viele Biologen, wahrscheinlich die meisten, wählen
ihr Fach aus einem ganz anderen Grund: Sie wollen einige
der vielen Rätsel dieser Welt lösen. Ihnen wird Vollmers
Büchlein besonders zusagen. Hier finden sie eine Fülle von
Anregungen. Trotz ihrer philosophischen Tiefe erfolgt die
Darstellung der Probleme in klarer Sprache und ohne ir-
gendwelchen philosophischen Jargon.

Was die Beschäftigung mit der Biologie so dringlich und zugleich so anregend macht, sind ihre schnellen begrifflichen
Fortschritte. Manch ältere Literatur ist nicht nur hinsichtlich der Tatsachen überholt; ihr ganzes Begriffssystem ist
veraltet. Typologisches Denken wurde durch Populations-
denken ersetzt; der physiko-chemischen Verursachung
wurde als zweite biologische Ursachenkategorie das genetische Programm beigesellt; und wo die philosophierenden
Biologen früher auf metaphysische Faktoren wie *Lebens-
kraft*, *Entelechie* oder *élan vital* zurückgriffen, findet man
heute ganz natürliche Erklärungen. Nichts charakterisiert
die moderne Philosophie der Biologie besser als ihre radi-
kale Abkehr von aller Metaphysik.

Viel – und zu Recht – hat man über die Entfremdung zwischen Philosophie und Wissenschaft geklagt, die im Laufe
unseres Jahrhunderts immer deutlicher wurde. Die Philosophie zog sich von der Beschäftigung mit den großen Problemen der Welt zurück, denen doch das Hauptinteresse der

Zur Begegnung zweier Kulturen 197

großen Philosophen (Platon, Aristoteles, Descartes, Leibniz, Kant) galt. Statt dessen vertiefte sie sich in technische Fragen der Logik und der Methodik. Vollmer gehört zu der Gruppe von Wissenschaftsphilosophen, die dieser Tradition erfreulicherweise den Rücken gekehrt haben.

Jeder seiner Aufsätze erreicht seinen Zweck, den Leser anzuregen, dann und wann aber auch zum Widerspruch zu reizen. Nichts bringt uns schneller voran als reger Gedankenaustausch. Und gerade die von der Philosophie so lange vernachlässigte Biologie ist ein Gebiet, das für den modernen Menschen besonders wichtig werden könnte. Es ist deshalb ein Glück, daß Vollmers lebhafte und klare Sprache seine Gedanken auch Nichtfachleuten leicht zugänglich macht.

Die Entfremdung zwischen Philosophie und Biologie ist endlich überwunden. Vollmers Werk ist ein wichtiger Beitrag zu dieser Annäherung oder zur Versöhnung, wenn man diesen Vorgang so nennen darf. Deshalb wird jeder, der sich für die lebende Natur interessiert und dem an einem tieferen Verständnis der Welt liegt, dieses Büchlein mit Freude und Gewinn studieren.

Nachweis der Erstveröffentlichungen

Die Wissenschaft vom Leben – Das Bild der Biologie in der Öffentlichkeit.
   In: Paul Präve (Hrsg.): Jahrhundertwissenschaft Biologie?! Weinheim: VCH, 1992. S. 1–17. Auch in: Biologie in unserer Zeit 22 (1992) H. 3. S. 143–150.

Die Grenzen der Biologie – Eine Übersicht.
   Zunächst u. d. T.: Naturwissenschaft Biologie – Aufgaben und Grenzen. In: Elisabeth von Falkenhausen: Unterrichtspraxis zum wissenschaftspropädeutischen Biologieunterricht. Köln: Aulis Verlag Deubner, 1989. S 18–38. Wiederabgedr. in: Biologie heute. Nr. 371. S. 3–7. Nr. 372. S. 1–4. Beigeheftet in: Naturwissenschaftliche Rundschau 43 (Jan. und Feb. 1990). [Engl. Übers. 1991, 1994.] [Der Beitrag wurde geringfügig gekürzt.]

Der Evolutionsbegriff als Mittel zur Synthese – Leistung und Grenzen.
   Zunächst u. d. T.: The Concept of Evolution as a Synthetic Tool in Science. Its Strengths and Limits. In: Walter A. Koch (Hrsg.): The Nature of Culture. Bochum: Brockmeyer, 1989. S. 500–520. – Dt. in: Philosophia naturalis 26 (1989) S. 41–65. – Jörg Albertz (Hrsg.): Evolution und Evolutionsstrategien in Biologie, Technik und Gesellschaft. Wiesbaden: Freie Akademie, 1989. S. 217–240.

Der wissenschaftstheoretische Status der Evolutionstheorie – Einwände und Gegenargumente.
   Erw. Übers. von: The Status of the Theory of Evolution in the Philosophy of Science. In: Svend Andersen/Arthur Peacocke (Hrsg.): Evolution and Creation. Aarhus: Aarhus University Press, 1987. S. 70–77.

Evolution und Projektion – Grundzüge der Evolutionären Erkenntnistheorie.
   Zunächst u. d. T.: Evolutionäre Erkenntnistheorie. In: Information Philosophie 12 (1984) H. 5 S. 4–23. Wiederabgedr. [unter dem gegenwärtigen Titel] in: Universitas 44 (1989) H. 12. S. 1135 bis 1148. – Nova acta Leopoldina N. F. 63. 273 (1990) S. 11–24. – Ulrich Jüdes [u. a.] (Hrsg.): Evolution der Biosphäre. Stuttgart: Hirzel, 1990. S. 123–136. – [Engl. Übers. in:] Universitas [engl. Ausg.] 34 (1992) H. 2. S. 114–126.

200 Nachweis der Erstveröffentlichungen

Was Evolutionäre Erkenntnistheorie nicht ist.
Zunächst u. d. T.: What Evolutionary Epistemology Is Not. In: Werner Callebaut/Rik Pinxten (Hrsg.): Evolutionary Epistemology – A Multiparadigm Program. Dordrecht: Reidel, 1987. S. 203–221. – Dt. in: Rupert Riedl / Franz M. Wuketits (Hrsg.): Die Evolutionäre Erkenntnistheorie. Hamburg/Berlin: Parey, 1987. S. 140–155.

Sein und Sollen – Möglichkeiten und Grenzen einer Evolutionären Ethik.
U. d. T.: Möglichkeiten und Grenzen einer evolutionären Ethik. In: Kurt Bayertz (Hrsg.): Evolution und Ethik. Stuttgart: Reclam, 1993. S. 103–132.

Allen beteiligten Herausgebern und Verlagen sei an dieser Stelle für die Erlaubnis zum Wiederabdruck gedankt.

Biographische Notizen

Prof. Dr. rer. nat. Dr. phil. Gerhard Vollmer ist am 17. November 1943 in Speyer am Rhein geboren. Er studierte Mathematik, Physik und Chemie in München, Berlin und Freiburg i. Br. und arbeitete als Praktikant beim Deutschen Elektronen-Synchrotron (DESY) in Hamburg. Sein Physikstudium beendete er 1968 mit dem Diplom. 1971 promovierte er bei Siegfried Flügge in Freiburg über Umkehrprobleme der Streutheorie, und bis 1975 war er dort Wissenschaftlicher Assistent für Theoretische Physik.

Neben seiner Tätigkeit als Naturwissenschaftler studierte er Philosophie und allgemeine Sprachwissenschaft. Ein einjähriger Aufenthalt 1971/72 als *postdoctoral fellow* bei Mario Bunge in Montreal regte ihn an, über Probleme der modernen Wissenschaftstheorie zu arbeiten. Er gehört zu den Begründern der Evolutionären Erkenntnistheorie; mit einer Arbeit zu diesem Thema promovierte er 1974 auch in Philosophie.

Ab 1975 lehrte er am Philosophischen Seminar der Universität Hannover. 1981 wurde er Professor am Zentrum für Philosophie und Grundlagen der Wissenschaft an der Universität Gießen. Seit 1991 lehrt er am Seminar für Philosophie der Technischen Universität Braunschweig. Seine Arbeitsgebiete sind Logik, Erkenntnis- und Wissenschaftstheorie, Naturphilosophie, Künstliche Intelligenz, Wissenschaftsethik.

Der Autor des Geleitwortes, Prof. Dr. Ernst Mayr, ist 1904 in Kempten geboren. Er studierte Medizin, Biologie und Philosophie, promovierte 1926 in Berlin und war an Expeditionen nach Neuguinea und zu den Salomon-Inseln beteiligt. Ab 1932 Kustos am American Museum of Natural History, New York, ab 1953 Professor an der Harvard University in Cambridge (USA), dort ab 1961 auch Direktor des Museum of Comparative Zoology, seit 1975 emeritiert. Er gehört zu den Begründern der Synthetischen Evolutionstheorie und zu den bedeutendsten Evolutionsbiologen überhaupt. Bekannteste Werke in deutsch: *Artbegriff und Evolution* (engl. 1963 / dt. 1967), *Die Entwicklung der biologischen Gedankenwelt* (1982/ 1984), *Eine neue Philosophie der Biologie* (1988/1991), *... und Darwin hat doch recht* (1991/1994).

Buchveröffentlichungen von Gerhard Vollmer

Evolutionäre Erkenntnistheorie. Angeborene Erkenntnisstrukturen im Kontext von Biologie, Psychologie, Linguistik, Philosophie und Wissenschaftstheorie. Mit einem Geleitwort von Hans Mohr. Stuttgart: Hirzel, [1]1975. [6]1994.

Was können wir wissen?
Band 1: Die Natur der Erkenntnis. Beiträge zur Evolutionären Erkenntnistheorie. Mit einem Geleitwort von Konrad Lorenz. Stuttgart: Hirzel, [1]1985. [2]1988.
Band 2: Die Erkenntnis der Natur. Beiträge zur modernen Naturphilosophie. Mit einem Geleitwort von Hans Sachsse. Stuttgart: Hirzel, [1]1986. [2]1988.

Gelöste, ungelöste und unlösbare Probleme. Zu den Bedingungen wissenschaftlichen Fortschritts. Göttingen: Vandenhoeck & Ruprecht, 1992. [30 Seiten.] Wiederabgedr. in: Wissenschaftstheorie im Einsatz (1993).

Wissenschaftstheorie im Einsatz. Beiträge zu einer selbstkritischen Wissenschaftsphilosophie. Mit einem Geleitwort von Mario Bunge. Stuttgart: Hirzel, 1993.

Auf der Suche nach der Ordnung. Beiträge zu einem naturalistischen Welt- und Menschenbild. Mit einem Geleitwort von Hans Albert. Stuttgart: Hirzel, 1995.

Denken unterwegs. Fünfzehn metawissenschaftliche Exkursionen. Hrsg. von Gerhard Vollmer und Heinz-Dieter Ebbinghaus. Stuttgart: Wissenschaftliche Verlagsgesellschaft, 1992.

Der Mensch in seiner Welt – Anthropologie heute. Buchausgabe des Funkkollegs 1992/93. Hrsg. von Wulf Schiefenhövel, Christian Vogel, Gerhard Vollmer, Uwe Opolka. Stuttgart: Trias, 1994.
Band 1: Vom Affen zum Halbgott. Der Weg des Menschen aus der Natur.
Band 2: Zwischen Natur und Kultur. Der Mensch in seinen Beziehungen.
Band 3: Gemachte und gedachte Welten. Der Mensch und seine Ideen.

Deutsche Philosophie der Gegenwart

IN RECLAMS UNIVERSAL-BIBLIOTHEK

Hans Albert, Kritische Vernunft und menschliche Praxis. 214 S. UB 9874

Werner Becker, Elemente der Demokratie. 142 S. UB 8009

Dieter Birnbacher, Verantwortung für zukünftige Generationen. 297 S. UB 8447

Hans Blumenberg, Wirklichkeiten, in denen wir leben. 176 S. UB 7715

Rüdiger Bubner, Zur Sache der Dialektik. 4 Aufsätze. 165 S. UB 9974

Iring Fetscher, Arbeit und Spiel. Essays zur Kulturkritik und Sozialphilosophie. 171 S. UB 7979

Kurt Flasch, Augustin. Einführung in sein Denken. 487 S. UB 9962 – Das philosophische Denken im Mittelalter. Von Augustin zu Macchiavelli. 720 S. UB 8342 – auch geb.

Manfred Frank, Selbstbewußtsein und Selbsterkenntnis. Essays zur analytischen Philosophie der Subjektivität. 485 S. UB 8689 – Stil in der Philosophie. 115 S. UB 8791

Hans-Georg Gadamer, Die Aktualität des Schönen. Kunst als Spiel, Symbol und Fest. 77 S. UB 9844

Volker Gerhardt, Pathos und Distanz. Studien zur Philosophie Friedrich Nietzsches. 221 S. UB 8504

Jürgen Habermas, Politik, Kunst, Religion. 151 S. UB 9902

Rudolf Haller, Facta und Ficta. Studien zu ästhetischen Grundlagenfragen. 152 S. UB 8299

Dieter Henrich, Selbstverhältnisse. Gedanken und Auslegungen zu den Grundlagen der klassischen Philosophie. 212 S. UB 7852

Otfried Höffe, Den Staat braucht selbst ein Volk von Teufeln. Philosophische Versuche zur Rechts- und Staatsethik. 174 S. UB 8507

Bernulf Kanitscheider, Kosmologie. Geschichte und Systematik in philosophischer Perspektive. 512 S. UB 8025

Reinhard Knodt, Ästhetische Korrespondenzen. Denken im technischen Raum. 166 S. UB 8986

Hans Lenk, Macht und Machbarkeit der Technik. 152 S. UB 8989

Wolf Lepenies, Gefährliche Wahlverwandtschaften. Essays zur Wissenschaftsgeschichte. 165 S. UB 8550

Odo Marquard, Abschied vom Prinzipiellen. 152 S. UB 7724 – Apologie des Zufälligen. 144 S. UB 8351 – Skepsis und Zustimmung. Philosophische Studien. 137 S. UB 9334

Günther Patzig, Tatsachen, Normen, Sätze. 183 S. UB 9986

Alfred Schmidt, Kritische Theorie, Humanismus, Aufklärung. Philosophische Arbeiten 1969–1979. 183 S. UB 9977

Joachim Schulte, Wittgenstein. Eine Einführung. 248 S. UB 8564

Walter Schulz, Vernunft und Freiheit. Aufsätze und Vorträge. 175 S. UB 7704

Robert Spaemann, Philosophische Essays. Erweiterte Ausgabe 1994. 264 S. UB 7961

Holm Tetens, Geist, Gehirn, Maschine. Philosophische Versuche über ihren Zusammenhang. 175 S. UB 8999

Ernst Tugendhat, Probleme der Ethik. 181 S. UB 8250

Ernst Tugendhat / Ursula Wolf, Logisch-semantische Propädeutik. 268 S. UB 8206

Joachim Wehler, Grundriß eines rationalen Weltbildes. 285 S. UB 8680

Carl Friedrich von Weizsäcker, Ein Blick auf Platon. Ideenlehre, Logik und Physik. 144 S. UB 7731

Wolfgang Welsch, Ästhetisches Denken. 224 S. 19 Abb. UB 8681

Philipp Reclam jun. Stuttgart

Englische und amerikanische Philosophen der Gegenwart

IN RECLAMS UNIVERSAL-BIBLIOTHEK

John Langshaw Austin, Sinn und Sinneserfahrung (Sense and Sensibilia). 182 S. UB 9803 – Zur Theorie der Sprechakte (How to do things with Words). 219 S. UB 9396

Donald Davidson, Der Mythos des Subjektiven. Philosophische Essays. 117 S. UB 8845

Michael Dummett, Wahrheit. Fünf philosophische Aufsätze. 240 S. UB 7840

R. M. Hare, Platon. 144 S. UB 8631

John Leslie Mackie, Ethik. Auf der Suche nach dem Richtigen und Falschen. 317 S. UB 7680 – Das Wunder des Theismus. Argumente für und gegen die Existenz Gottes. 424 S. UB 8075

Thomas Nagel, Die Grenzen der Objektivität. Philosophische Vorlesungen. 144 S. UB 8721 – Was bedeutet das alles? Eine ganz kurze Einführung in die Philosophie. 87 S. UB 8637

Willard Van Orman Quine, Wort und Gegenstand (Word and Object). 504 S. UB 9987

Nicholas Rescher, Die Grenzen der Wissenschaft. 382 S. UB 8095

Richard Rorty, Eine Kultur ohne Zentrum. Vier philosophische Essays. 148 S. UB 8936 – Solidarität oder Objektivität? Drei philosophische Essays. 127 S. UB 8513

Gilbert Ryle, Der Begriff des Geistes. 464 S. UB 8331

Wesley C. Salmon, Logik. 287 S. UB 7996

Peter Singer, Praktische Ethik. 331 S. UB 8033

Peter Frederick Strawson, Einzelding und logisches Subjekt (Individuals). 326 S. UB 9410

Alfred North Whitehead, Die Funktion der Vernunft. 79 S. UB 9758

Bernard Williams, Der Begriff der Moral. Eine Einführung in die Ethik. 112 S. UB 9882 – Probleme des Selbst (Problems of the Self). Philosophische Aufsätze 1956–1972. 439 S. UB 9891

Philipp Reclam jun. Stuttgart

Ethik

Bände zur Diskussion

IN RECLAMS UNIVERSAL-BIBLIOTHEK

Birnbacher, Dieter: Verantwortung für zukünftige Generationen. 297 S. UB 8447.

Evolution und Ethik. 16 Aufsätze. Herausgegeben von Kurt Bayertz. 375 S. UB 8857

Mackie, John L.: Ethik. Die Erfindung des moralisch Richtigen und Falschen. Aus dem Englischen übersetzt von Rudolf Ginters. 317 S. UB 7680

Medizin und Ethik. 17 Aufsätze und ein Dokumenten-Anhang. Herausgegeben von Hans-Martin Sass. 392 S. UB 8599

Ökologie und Ethik. 7 Aufsätze. Herausgegeben von Dieter Birnbacher. 254 S. UB 9983

Singer, Peter: Praktische Ethik. Aus dem Englischen übersetzt von Oscar Bischoff, Jean-Claude Wolf und Dietrich Klose. 487 S. UB 8033

Technik und Ethik. 13 Aufsätze und ein Dokumenten-Anhang. Herausgegeben von Hans Lenk und Günter Ropohl. 373 S. UB 8395

Tugendhat, Ernst: Probleme der Ethik. 181 S. UB 8250

Wirtschaft und Ethik. 19 Aufsätze und ein Dokumenten-Anhang. Herausgegeben von Hans Lenk und Mathias Maring. 416 S. UB 8798

Wissenschaft und Ethik. 20 Aufsätze und ein Dokumenten-Anhang. Herausgegeben von Hans Lenk. 413 S. UB 8698

Philipp Reclam jun. Stuttgart